FEMME CYCLIQUE

PAULINE VALDAIRON

FEMME CYCLIQUE

2021 Éditions Danaé

Éditions Danaé
10, rue de Vidailhan
31130 Balma
FRANCE

www.editions-danae.com

Retrouvez-nous sur les réseaux sociaux

Facebook @editionsdanae
Twitter @AllianceMagique
Instagram @editionsdanae

Crédits

Édité sous la direction d'Aurélie Simonneau
Couverture, création graphique et mise en page : Emmà Landi
Correction : Oriale Faulhaber & Éloïse Rusch
Images couverture : © iStock/andDraw (silhouette femme) ; iStock/rustemgurler (feuilles partie supérieure couverture) ; iStock/Allexxandar (cycle lunaire) ; iStock/ElenaMedvedeva (feuilles autour de la silhouette)
Images intérieures (© iStock) : rustemgurler (feuillage p. 3, 250, 80-81 et 150-151) ; andDraw (silhouette femme p. 5 et en pages gauches partie 1) ; Evgeny Gromov (visage en pages gauches partie 2) ; oixxo (bâton de fumigation romarin en pages gauches partie 3) ; Bogdan Populov (lune vectorielle) ; sabelskaya (vulve p. 31) ; Irina Shatilova (utérus p. 32) ; TefiM (diagramme menstruel p. 35) ; Allexxandar (phases de la lune partie 3)

Un label des éditions Alliance Magique
ISBN : 978-2-38062-011-5
Dépôt légal : 3e trimestre 2021

Imprimé en France par Présence Graphique - Monts.

À PROPOS DE L'AUTEURE

Pauline Valdairon est thérapeute holistique, spécialisée dans la libération émotionnelle et professeure de yin yoga. Elle a déjà accompagné individuellement des centaines de femmes et anime des ateliers, des stages et des retraites sur la voie de la connaissance de la nature cyclique et de la guérison du féminin.

À Jamie Sams,

qui par ses œuvres et enseignements a été l'une de ces figures
féminines qui m'ont initiée à la voie de l'éveil, de la guérison
du féminin sacré et de ma connexion à celui-ci,
et qui nous a quittés pendant l'écriture de ce recueil.

« À son premier saignement, une femme rencontre son pouvoir. Au cours de ses années de saignement, elle le pratique. Et à la ménopause, elle le devient. »

DICTON TRADITIONNEL AMÉRINDIEN

SOMMAIRE

PRÉFACE DE TINA FLEUR

Notre rencontre a eu lieu lors d'une retraite que j'animais autour du yoga et de l'éveil des consciences. Aujourd'hui, je souris en me souvenant de l'intitulé de celle-ci : « Honorer la vie en soi et autour de soi », car Pauline m'a par la suite beaucoup appris sur une dimension fondamentale en moi : ma nature cyclique.

Notre premier échange a été placé sous le signe d'une merveilleuse intensité. La connexion entre nous a été instantanée. Nos âmes savaient qu'il s'agissait de retrouvailles sacrées. Pauline était là, devant moi, son sourire dégageant une grande bienveillance et son regard profond m'éclairant de toute sa lumière lunaire.

Nous nous sommes enlacées, ses bras m'enveloppant d'un amour pénétrant. J'ai senti résonner tout mon être, relié à la puissante énergie de Pauline. Puis, j'ai été touchée par la beauté de son élocution et la justesse de ses mots.

Au fil des jours, le lien entre nous s'est tissé silencieusement sans que nous ayons besoin de l'exprimer. Nous savions que nous continuerions désormais à cheminer unies, en harmonie.

À cet instant, nous nous sommes connectées grâce à ce qui nous fait vibrer et avons accueilli depuis lors les plus belles vérités et vulnérabilités de chacune. Ainsi, nous partageons un lien semblable à celui qui unirait deux sœurs, et pour lequel je suis emplie de gratitude. Nous sommes chacune l'élève et l'enseignante : nous apprenons, nous grandissons et nous nous éveillons l'une et l'autre grâce à nos univers et à nos transmissions.

Pauline incarne la pleine puissance féminine. Elle est l'une des plus belles rencontres que la vie m'ait donné de faire, sur mon chemin vers la connexion profonde à mon essence cyclique. Ses enseignements m'ont éclairé sur ce sacré qui sommeillait en moi et qui, phase après phase, m'accompagne dans la découverte de nouvelles dimensions du féminin.

Femme cyclique est un ouvrage vibrant de son parcours, son chemin et son évolution, que j'ai eu l'honneur de suivre intimement et de soutenir profondément au cours du processus d'écriture. J'admire l'énergie, l'amour et la guérison dont Pauline fait part dans ce recueil, ainsi que le temps qu'elle y a consacré. Ce livre a véritablement été écrit avec son cœur, et je crois que sa puissance réside justement dans l'authenticité et la vulnérabilité dont il témoigne.

Ce recueil vous propose d'explorer et d'apprivoiser votre utérus, votre corps et votre essence profonde, ainsi que de renouer avec eux afin de les ritualiser. Il permet d'accueillir les énergies et émotions propres à chaque phase du cycle menstruel et vous aide à vous relier à votre pouvoir féminin.

Femme cyclique n'a depuis cessé de me guider et de m'émerveiller. Il est à mes yeux l'un de ces recueils à mettre entre les mains de chaque personne qui désire comprendre et embrasser la cyclicité de la femme.

Avec toute ma gratitude et mon amour,

TINA FLEUR

AVANT-PROPOS

À l'heure où j'écris ce recueil, j'ai 30 ans. Je suis une femme, une fille, une mère, une partenaire, une sœur, une tante, une amie, une autrice et bien plus encore.

Je suis sophrologue et professeure de yin yoga, spécialisée en techniques de libération émotionnelle et accompagnatrice du féminin. Dès 2013, je me suis engagée à guider et à épauler des centaines de femmes dans leur cheminement émotionnel. Depuis 2017, j'anime des ateliers et stages destinés aux femmes. Ils ont été l'occasion pour moi de m'ouvrir au lien existant entre les menstruations et les émotions. Aujourd'hui, je désire organiser des retraites afin d'apporter plus de profondeur à l'accompagnement de la cyclicité de la femme, de ses fluctuations hormonales et énergétiques.

Je n'imaginais pas à quel point accompagner la libération d'autres femmes serait aussi important pour ma propre incarnation.

En effet, ma mission de femme, mère et thérapeute dans l'accompagnement du féminin consiste à être pleinement consciente de ce qui est et se manifeste, pour aider d'autres femmes à vivre pleinement leur féminité. Autrement dit, mettre en lumière les messages, les maux, les blessures et les souffrances des femmes afin de les aider à s'en libérer avec sensibilité. De la même manière, je les soutiens dans leur propre cheminement de vie, d'envies et d'évolution.

C'est mon histoire, mes initiations, mes explorations et mes enseignements qui m'ont menée sur le chemin du féminin et de tout ce qui s'y apparente. En effet, cette voie me fascine encore aujourd'hui. J'œuvre chaque jour, tant pour mon éveil personnel que pour toutes les femmes que j'aide à s'éveiller à la cyclicité. Je les invite à écouter leur rythme et leurs besoins : leurs émotions, leurs blessures, leurs schémas et croyances, à développer une meilleure compréhension de leur corps et leur sexualité. De cette manière, elles découvrent leur potentiel et réalisent leurs rêves.

Dernièrement, j'ai souhaité explorer plus profondément la compréhension, la réappropriation et la relation du corps et de l'esprit. Cela m'a amenée à me former en tant que professeure de yin yoga, à m'initier à la libération par le mouvement et à l'exploration du cycle, des blessures liées aux menstruations et de l'équilibre hormonal. Ces formes d'expressions et d'émancipation m'ont permis de donner une nouvelle dimension à mes ateliers. C'était une révélation !

Chères femmes, ce recueil est là, pour vous, entre vos mains. Il rayonne de tout ce qui compose mon être et vibre en lui. Il est né avec l'intention de vous transmettre ce savoir, de vous initier à votre féminin sacré et de le ritualiser. J'ai espoir qu'il pourra vous permettre de vous reconnecter à ce qui est déjà en vous ; votre essence profonde.

J'espère que ce livre, qui m'a permis de renaître moi-même, pourra devenir, dans l'individualité et dans la sororité, un portail d'ouverture, d'initiation, d'évolution, de transformation et de libération pour toutes les femmes en chemin.

Ainsi, il participera à l'avènement d'un nouveau monde.

EMPREINTES DE L'AUTRICE

Ma relation avec mes lignées de femmes a longtemps influencé mon identité.

J'ai passé neuf mois dans l'utérus de ma mère biologique, qui avait elle-même passé neuf mois dans celui de la sienne. Mon utérus porte ces mémoires ancestrales et féminines, qui m'ont été transmises par mes ancêtres.

Cependant, comme j'ai été abandonnée à la naissance et que je suis née sous X, je me suis souvent interrogée sur la notion de place et de légitimité, mais aussi sur les empreintes et l'héritage de celles qui m'ont précédée.

Malgré tout, j'ai souvenir d'avoir toujours vécu jusqu'ici dans l'acceptation, le pardon, et même d'avoir ressenti une profonde gratitude envers celle qui m'a donné la vie. Quant au sentiment de filiation, il s'est enraciné dans mon être tout entier grâce à l'amour de mes parents adoptifs.

Ainsi, j'ai tissé un lien entre mes deux lignées. J'ai évolué avec mes lignées familiales et plus particulièrement avec la lignée de femmes que la vie m'a offerte. J'ai appris de l'histoire de ma mère, de mes grands-mères défuntes et vivantes, et d'autres femmes encore. Seulement, il restait encore des blessures à guérir.

J'avais à peine 9 ans lorsque mes premières règles sont arrivées. Je n'en ai gardé aucun souvenir ; ni celui du moment où cela s'est produit ni les sentiments que j'ai ressentis. Effectivement, je me doute que cela a dû me paraître effrayant, à l'époque. Néanmoins, la vie avait décidé qu'à partir de cet instant, j'entrais dans la puberté et le passage vers la fertilité. Dès lors, j'ai dû apprendre à composer avec ma féminité et ma cyclicité.

C'est quelques années plus tard que, dotée de toute ma puissance et de mon plus grand courage, j'ai renoncé à donner la vie. J'ai ainsi interrompu trois grossesses. J'avais la sensation qu'il me fallait l'assumer totalement et silencieusement, et que les interruptions devaient être vécues comme un soulagement. Cependant, faute de considération, cela s'est cristallisé. Avec le recul des années, j'ai pris conscience que j'avais tout de même porté ces êtres, qui sont inscrits en moi ainsi que dans mes cellules. Ils font désormais partie des tissus de mon utérus, qui les a gardés en mémoire. Ces enfants ont laissé des traces traumatiques dans mon âme. Aujourd'hui, ils sont encore là, et je reste endeuillée.

En effet, j'ai longtemps été habitée par le sentiment de répéter malgré moi un schéma d'abandon. Comme si, parce que j'avais été abandonnée à la naissance, il me fallait nécessairement accueillir ces enfants qui m'avaient choisie. J'étais aussi emplie de culpabilité à l'égard de ma mère adoptive, qui elle n'avait pu donner la vie.

Alors, je me suis confrontée à mes douleurs. J'ai enfin laissé s'exprimer mon chagrin. Puis, j'ai accueilli mes enfants non-nés par un rituel de modelage, pour les honorer et leur dire au revoir.

Ces deuils font partie de ces épreuves emplies de souffrance dont j'aimerais oublier la douleur. Ce sont des traumatismes que j'ai longtemps gardés pour moi. Pourtant, à présent, je souhaite lever le voile sur eux et élever ma voie. Je ressens un besoin profond de reconnaître mes enfants et de les inscrire dans ma lignée. J'ai choisi de les accepter pour donner du sens à ma plus pure vulnérabilité, sans me juger ni condamner la mère qui vit en moi parce que ces avortements m'ont fait réellement prendre conscience que je désire devenir maman un jour.

En 2012, j'avais 21 ans. C'est là que j'ai décidé de devenir mère dans la matière. J'ai donné prématurément naissance à mon fils par césarienne en urgence, sous anesthésie générale. L'accouchement, trois mois avant terme, m'a ramenée à mes empreintes. Cela a été violent et traumatisant. Je me suis sentie dépossédée des premiers moments avec mon enfant, comme je l'ai été des premiers moments avec la femme qui m'a donné la vie.

Je suis entrée dans une nouvelle ère, celle qui consistait à devenir mère. Cet apprentissage à la matrescence a grandement participé à mon évolution personnelle, professionnelle et spirituelle. Il y a eu mes formations, mes enseignements, mais aussi l'éveil au féminin.

En 2020, à l'aube de mes 29 ans, j'ai été diagnostiquée et opérée précipitamment d'une endométriose profondément infiltrée. En effet, lors des menstruations, sous l'effet des contractions utérines, la couche superficielle de l'endomètre se désagrège ; c'est ce qui crée les saignements. Dans le cas de l'endométriose, il se produit un reflux. Une partie de ce sang se développe en dehors de la cavité utérine, engendrant des lésions. Dans mon cas, elles se sont étendues jusqu'à mon diaphragme, en passant par mes intestins, mon colon, mon rectum et mes utérosacrés (ce qui unit le col de l'utérus au sacrum) et ont également provoqué un fibrome utérin.

J'ai pris conscience que les lésions dues à l'endométriose, qui ont envahi mon corps, m'ont d'un autre côté permis de créer du lien. Elles sont une union avec la femme qui m'a mise au monde, mes trois enfants non-nés et ont participé à perpétuer les schémas de ma mère, qui souffre également de cette maladie gynécologique.

Quelques semaines après l'intervention, des adhérences post-opératoires ont collé ensemble certains de mes organes. Cette prise de conscience m'a replongée dans de nouvelles dimensions d'exploration. En effet, quelques jours plus tard, mon être cristallisé s'est littéralement laissé envahir et traverser par des tremblements. Cela a duré des heures. Ils provenaient de la voix de mon inconscient, qui souhaitait me délivrer un message.

On m'avait retiré tous les liens que j'avais tissés et je devais me reconstruire mon identité. J'étais déstabilisée.

J'ai traversé une initiation sacrée. Cela a été un long processus de guérison très sombre, empli de tristesse, de peurs et de douleurs qui a laissé des traces. J'ai littéralement traversé des mois d'angoisses puissantes, des insomnies, des rêves et des cauchemars infinis. Ce passage, aussi bouleversant a-t-il pu être, a permis à mon inconscient de faire remonter à la surface des colères, des deuils, des traumatismes enfouis, des amnésies traumatiques passées et ma quête d'identité refoulée.

En effet, tout cela m'a permis de transcender des schémas répétitifs, de me défaire d'anciennes croyances, de libérer des émotions cristallisées. Il m'a fallu du temps et de la patience pour me reconstruire sur la voie de mon identité.

Ainsi, j'ai œuvré vers moi-même et mes ancêtres. J'ai désiré connaître mon histoire sans savoir ce que j'y trouverai. J'ai alors fait la demande d'accès à mon dossier d'adoption. J'ai su. Ma mère biologique m'a mise au monde à terme, à 15 ans. Elle s'appelle vraisemblablement Roselyne. Ce sont les seules précieuses informations que j'ai aujourd'hui en ma possession, mais elles me permettent de donner du sens à mon chemin d'acceptation et de guérison.

Mourir pour mieux renaître. C'est à cette même période que j'ai écrit ce recueil. Ces deux expériences, ensemble, m'ont permis de me transformer et ainsi transmettre, depuis, les expériences que j'en ai faites et les enseignements que je détiens. J'ai pu y apporter de nouvelles énergies, de nouvelles formes et nuances sur la voie de l'accompagnement du féminin.

En effet, l'écriture de ce recueil a été l'un des processus les plus profonds que j'ai pu traverser. C'était pour moi une période d'intense chaos. Au travers du regard nouveau de ces lignes, mes maux ont laissé place aux mots.

Ce recueil touche aux traumatismes que j'avais besoin d'accueillir et de libérer. J'œuvre sur le chemin du féminin depuis plusieurs années. J'ouvre, je déconstruis et reconstruis. Je suis consciente que ce sont des passages et je sens que, plus que le chemin du féminin, c'est celui de la vie.

C'est dire ! Ce recueil, je l'ai comme « enfanté » pour renaître à moi-même.

En cette année contrastée, l'écriture de ce recueil a été marquée d'une profonde sensibilité et fait partie intégrante de mon cheminement. Mais, enfin, il est là ! Il est le reflet d'un passage initiatique, de mon histoire, de mon parcours. Il participe à la transmission de mes enseignements et de mes expériences, et se veut comme un outil d'accompagnement. Il s'inscrit dans mon processus de guérison et contient mes vœux pour toutes les femmes en chemin.

C'est à mes 30 ans que j'ai pu mettre une touche finale à ce recueil et que je l'ai envoyé à mon éditrice. Il a été le reflet intense de mes plus douloureuses et de mes plus belles initiations. Il est teinté de mes transformations et de mes gestations.

À présent, je peux voir le chemin parcouru et entrer dans une nouvelle ère. Je suis émue aux larmes de savoir ce recueil entre vos mains. Il est, au-delà d'un ouvrage sur le cycle menstruel, une œuvre sur le cycle de la vie. Et maintenant, il vous appartient.

INTENTIONS DE L'AUTRICE

Ce livre, je l'ai pensé comme un recueil pour toutes les femmes en chemin. Il s'adresse à celles qui s'initient pour la première fois et celles, plus anciennes, dont le cœur vibre à l'idée d'explorer de nouvelles voies. J'ai écrit ces lignes comme on tisse une toile pour que vous puissiez vous reconnecter et vous accompagner tout au long de votre cycle menstruel, afin d'accéder à vos émotions et vos ressources, au cycle de la terre et aux énergies de celle-ci, mais aussi au cycle de la vie. Ceci, dans le but d'habiter votre corps, vos cycles et vous rencontrer, afin de répondre à vos besoins au fil de différentes phases et énergies.

Dans la partie « Œuvrer avec le recueil », vous trouverez des pistes pour vous préparer aux initiations et ritualisations. Je vous invite à consacrer un temps pour vous les approprier avant d'œuvrer, phase après phase.

Au fil de la première partie, j'apporterai les éclairages nécessaires pour comprendre ce que c'est que d'être femme et d'effectuer son cheminement vers sa nature cyclique, lunaire et sacrée. Cela dit, j'aspire à ce que ces enseignements, aussi riches de sens soient-ils, soient une invitation à procéder à des explorations et non à un approfondissement.

En ce sens, si vous vous sentez appelée à travailler davantage sur certains sujets fascinants, passionnants, bien particuliers ou qui vous parlent, je vous invite à vous y éveiller par vous-même et pour vous-même. Je pense notamment à des sujets comme l'histoire de la femme, la chasse aux sorcières ou la justice sociale, mais aussi à d'autres comme le féminisme, l'écoféminisme, les lignées des femmes, la guérison transgénérationnelle, les énergies lunaires, les sagesses ancestrales et j'en passe.

Je vous remercie par avance de l'intérêt que vous porterez à cette réflexion et vous invite à découvrir les parcours de femmes engagées et à lire les écrits d'autrices merveilleuses qui, bien avant moi, ont fait entendre leurs voix et ouvert la voie. Chacune a apporté de nouvelles sources, de manière plus intense et approfondie. Et, aujourd'hui, leurs mots résonnent encore en moi. Ils ont influencé ma vision et mon évolution au cœur du féminin. Je pense notamment aux écrits de Miranda Gray, Mona Chollet, Vicki Noble, Jamie Sams, Clarissa Pinkola Estés, Lumira, Camille Sfez, Josée-Anne Sarazin-Côté, Véronique de la Cochetière, mais également à Stéphanie Lafranque, Orélie Pitaval, Peggy Favez, Maud Renard, Ilia Renon et Cécile Doherty-Bigara, avec lesquelles j'ai eu l'immense joie de partager un moment ou d'échanger. Je vous invite à découvrir encore d'autres sources d'inspiration à la fin de ce recueil.

Quant à moi, j'ai voulu transmettre par ce livre ce qui me fait vibrer. Je souhaite que ce manuscrit soit un recueil d'accompagnement, tel un voyage du féminin. Je l'ai façonné de manière claire et épurée afin que chacune puisse se soutenir émotionnellement et énergétiquement, phase après phase, tout au long des périodes de sa vie et des envies qui rythment ses propres cycles. Ainsi, vous pourrez vous connecter à vous-même : vous accompagner, vous observer, vous écouter et prendre le temps de ressentir et d'accueillir les différentes émotions et énergies.

Je ne prétends pas que ce recueil contient la vérité universelle. Et cette même vérité, qui résonne en moi aujourd'hui, finira très certainement par évoluer, elle aussi, dans les prochains mois. Cette idée en tête, je me suis intentionnellement positionnée en tant que femme qui transmet et inspire avec l'intention de redonner le pouvoir à toutes les femmes en chemin.

Ainsi, à travers ce recueil, vous êtes invitée à vous responsabiliser, vous émanciper et à suivre votre intuition. Vous êtes conviée à apprendre chaque jour de votre vie et de vos cycles, ainsi qu'à vivre profondément ce qui se vit dans la matière. J'aspire à vous donner des outils de connaissance et d'exploration pour apprivoiser chaque initiations et rituels que vous ferez sur la voie de la guérison. De cette manière, en écoutant vos besoins et votre intuition, vous serez amenée à vous initier par vous-même et pour vous-même. Vous trouverez votre propre voie en vous appropriant ma voix.

Ce recueil deviendra un compagnon précieux, tel un guide, pour vous aider à vous éveiller à la voie du féminin. Il vous permettra d'explorer, de vous initier et de réveiller et révéler la femme cyclique et sacrée qui vit en vous. Vous apprendrez à mieux vous connaître, vous honorer, vous libérer, mais aussi à formuler clairement vos attentes et vos besoins. Ainsi, vous accepterez d'aimer toutes les facettes de votre être. Celles qui paraissent mystérieuses, chaotiques et sombres, mais aussi celles emplies de lumière, libres des croyances restrictives. Vous ressentirez votre unicité intérieure. Vous serez plus à même d'évoluer et de vous déployer sur la voie de votre propre cheminement, qui ne demande qu'à se vivre et s'expérimenter en vous, pour vous.

Ce recueil s'inscrit dans le partage féminin et a été écrit par une femme, pour des femmes, afin que des espaces s'ouvrent et guérissent chacune d'entre nous. Ce livre est un partage qui permet une reconnexion pour vivre en harmonie avec sa nature cyclique. C'est un cheminement à vivre et à explorer à son propre rythme.

Nous sommes déjà en chemin. Alors, puissions ensemble, au cœur de nos mystères, écouter nos émotions, nous guérir, guérir l'autre et guérir le monde, portées par les énergies féminines.

Chères femmes, chères sœurs,

J'ai espoir que ce recueil pourra tisser de nouvelles voies en vous et vous souhaite une merveilleuse rencontre et reconnexion avec vous-même.

ŒUVRER AVEC SOI, SES CYCLES ET LE RECUEIL

Ce recueil se veut sacré, mais est indépendant de toute religion. Il est « sacré », car il propose de partir à la rencontre des dimensions de l'être, et plus particulièrement du féminin sacré et de sa nature cyclique. Le cycle menstruel est en lui-même une reconnexion à soi, son utérus, ses émotions et son âme.

Alors, s'il est vrai qu'il existait autrefois des sociétés matriarcales, nous vivons aujourd'hui et depuis bien trop longtemps dans ce monde structuré qui est le nôtre, au sein duquel nous évoluons dans la domination patriarcale. Celle-ci est fondée sur le fait que la masculinité et l'autorité résident uniquement dans la force, le jugement, la compétition, la manipulation, mais également dans la conviction selon laquelle l'énergie masculine octroierait un pouvoir supérieur aux énergies féminines et universelles, qu'il se manifeste de manière individuelle ou collective.

C'est ce système qui amène le vivant, et plus particulièrement la femme, à répondre à ces énergies très masculines. À cause de cela, les femmes manquent cruellement de connaissances concernant leur féminité et leur cyclicité. Chacune d'elles censure son corps, ses émotions et ses cycles, et ressent de profonds déséquilibres. En effet, la femme ne peut suivre le rythme effréné qu'exige la société. Il est donc essentiel de se libérer des injonctions, de se reconnecter à soi ainsi qu'à ses cycles et aux différentes énergies de chacune des phases. Ce faisant, chaque femme pourra s'assumer pleinement et répondre à son propre cheminement.

C'est au travers de mes expériences personnelles, mes observations et mes accompagnements qu'est né ce recueil. En effet, j'aspire et œuvre à éveiller essentiellement au féminin sacré et sa nature cyclique, phase après phase, pour approfondir sa connaissance de soi. Cette reconnexion permet de renouer avec ses différentes énergies et son histoire, tout comme de se libérer des blessures passées. C'est également un moyen d'accueillir sa vulnérabilité, sa sensibilité, de cultiver sa confiance en soi et celle en autrui, l'amour et la liberté, à s'ouvrir à une démarche d'une croissance personnelle avec un sentiment de liberté, de développer une meilleure compréhension de son corps et ses énergies, mais également de développer sa créativité, sa douceur, son écoute, son empathie, sa sensualité et sa sexualité.

S'éveiller à sa cyclicité et au féminin sacré permet à chaque femme de renouer avec les sagesses ancestrales qui lui ont été transmises ; de se reconnecter à sa puissance créatrice, de se réapproprier ses envies, ses besoins, ses sensations, ses énergies et son intuition.

En effet, les énergies, qu'elles soient féminines ou masculines, sont multiples, divines, indissociables et complémentaires. Chaque être humain, quel que soit son genre, porte en lui l'ensemble de ces énergies. Elles permettent de s'incarner dans toutes les dimensions, avec plus ou moins de nuances, de formes et d'intensité.

Tout ce qui existe est cyclique. Les journées, la vie, la nature, les saisons et les astres suivent un cycle participant à un éternel recommencement. L'être humain, et particulièrement la femme, n'échappe pas à cette loi universelle. En effet, œuvrer avec soi-même implique de se reconnecter à toutes formes de cyclicité du monde, et principalement à celle de son cycle menstruel.

C'est dans l'union que nous devons accepter de vivre nos cycles. Nous devons accueillir nos polarités, nos ambivalences et nos énergies, tant féminines que masculines. C'est grâce à cela que chaque femme pourra lever les tabous qui l'entourent. Ainsi, elle sera à même de se libérer des injonctions de la société, de prendre la place qui lui revient en celle-ci, de s'éveiller, d'oser et de s'épanouir.

De surcroît, nous traversons, à l'heure où j'écris ce recueil, une époque de transformation. Nous sommes passés dans une autre dimension énergétique. Alors, dans un élan de sororité, nous devons, ensemble, renforcer la connexion qui existe entre les femmes. Nous devons appuyer celle-ci sur des valeurs universelles, en vue de la prochaine évolution. Cela permettra d'apprendre à s'ouvrir à des valeurs de relation, d'unité, d'écoute, de soutien, d'enrichissement et d'écouter le vivant sur Terre, pour vivre sur celle-ci en harmonie. Ainsi, nous pourrons générer de véritables changements dans toutes les dimensions et guérir le monde.

Il est en ce sens important d'apprendre à vivre en harmonie avec soi, son cycle menstruel et ses phases. Il n'y a que sur cette voie d'autoguérison que la femme apprendra à aimer ses ombres et ses lumières, et ainsi à s'ouvrir au monde et à son monde. Grâce à elle, elle deviendra la gardienne de son moi profond.

Il est grand temps d'honorer le féminin sacré et de s'ouvrir à l'anatomie féminine, celle qui permet de donner le sein et de recevoir la vie dans son ventre pour la donner et en dévoiler ses mystères.

L'ANATOMIE FÉMININE

Le corps de la femme est le reflet de son être. Il garde tout en mémoire. Il est essentiel, pour le processus de connaissance de soi et de guérison, de s'y connecter durablement. En effet, c'est dans le corps, ainsi que dans ses cellules, que viennent se cristalliser et se figer chacune des émotions et des blessures passées. Celles-ci créent, encore aujourd'hui, des crispations au sein du corps, depuis votre enfance, voire avant. Si elles ne sont pas libérées, ces crispations peuvent également se retrouver dans l'utérus, même si ces blessures appartiennent aux femmes de votre lignée. C'est aussi le cas de tous les traumatismes intimes, qui peuvent paraître ordinaires, aussi silencieux, violents ou subtils soient-ils. Il peut s'agir d'une relation sexuelle crispée, figée, de gestes déplacés, d'une intrusion non désirée ou refusée. En effet, il n'y a pas besoin qu'il s'agisse d'un abus ou d'un viol pour avoir l'impression d'avoir été violée. Toutes les blessures laissent des traces énergétiques dans le corps, et plus profondément encore dans la féminité. Elles existent et se réactivent à chaque fois que vous vivez un évènement similaire ou que vous repensez aux émotions qui y sont liées.

Pour accomplir ce cheminement, il est important que chaque femme puisse prendre conscience de ce dont son corps a besoin et de l'écouter pour l'aider à éliminer, nettoyer, se régénérer et, enfin, se réparer.

Ainsi, elle pourra s'ouvrir à une libération émotionnelle des mémoires et blessures corporelles et intimes. En effet, chacune de ces souffrances peut se manifester par des douleurs ou des symptômes comme une sexualité non épanouie, de l'endométriose, des difficultés à concevoir, des mycoses et infections à répétitions, un vaginisme, etc.

C'est ce qui explique que chaque anatomie est unique et que la femme elle-même ignore bien trop souvent les spécificités de sa propre anatomie. Cela peut parfois créer des blocages. Pourtant, il est essentiel pour toute femme de connaître les particularités de son anatomie, de manière à se réapproprier son incarnation, son corps, et à habiter pleinement son cycle ainsi que sa sexualité.

Par ailleurs, l'excision a été abondamment répandue dans le monde, pendant un temps. Aujourd'hui encore, cette mutilation sexuelle est pratiquée à des fins culturelles et religieuses dans certaines communautés. C'est là le reflet d'une inégalité entre les sexes, d'une domination masculine et du souci de satisfaire en priorité le plaisir masculin. Le terme d'« excision » peut s'employer pour toute forme de mutilations féminines entraînant une ablation partielle ou totale du clitoris, des lèvres ou de toute autre partie de l'appareil génital féminin. En plus d'entraîner de graves risques hémorragiques et infectieux ainsi que des complications sexuelles et obstétricales, cette mutilation atteint profondément la femme dans toutes les dimensions (physique, psychologique, sociologique, etc.).

De nos jours, il est encore communément tabou de parler de l'anatomie de la femme. Qui plus est, elle n'est pas non plus représentée et, lorsque c'est le cas, elle l'est de manière maladroite. Cela en dit long sur la disharmonie entre les hommes et les femmes concernant la reproduction de leur anatomie et de leurs sexes.

Il est désormais temps d'ouvrir la voie et que chacune des femmes puisse jouir de la connaissance de son anatomie. C'est ainsi qu'elles pourront s'ouvrir à leur féminin sacré. Et cela commence en apprivoisant sa vulve et en l'observant à l'aide d'un miroir.

Chaque vulve est unique. Elle peut être rosée ou tendre vers le marron ou le violet. Elle est constituée de grandes et de petites lèvres, qui peuvent être plus ou moins développées. Il est d'ailleurs fréquent que ces dernières dépassent les grandes lèvres, ou qu'elles soient asymétriques. Le clitoris se situe au point de jonction des petites lèvres, à l'intérieur de la vulve. Il est composé de la tige et de deux racines, sous les petites lèvres, à l'intérieur du vagin. En revanche, son gland, de petite taille, est visible. Cette zone très innervée et vascularisée est un organe érogène, érectile et particulièrement sensible en cas d'excitation. Lorsqu'il est pressé, caressé, frotté ou stimulé durant quelque temps, il se gorge de sang et libère de l'ocytocine, l'hormone du plaisir. Alors, c'est l'orgasme ! Sous le clitoris se trouvent le méat urinaire, par lequel nous urinons, et en dessous, l'entrée du vagin, qui ouvre la voie à l'enfantement en permettant la pénétration ainsi que l'écoulement du sang.

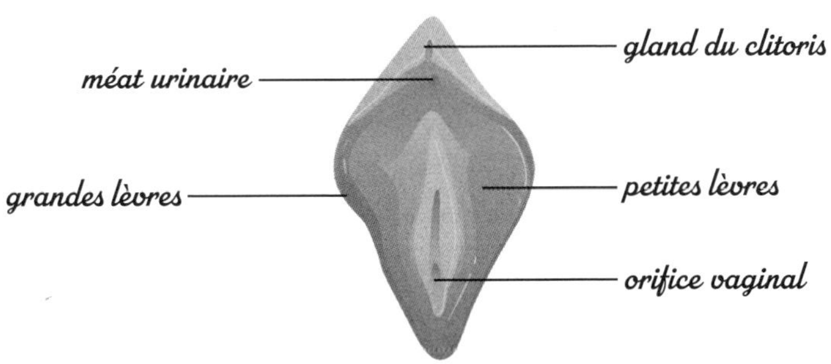

L'utérus est un muscle qui se situe dans le bas-ventre. C'est un muscle contractile qui s'autogère. Il gonfle, se gorge de sang et de muqueuses utérines les quelques jours qui précèdent les menstruations. Dès lors, il va se contracter pour permettre aux menstruations d'avoir lieu, ou éventuellement permettre un accouchement, lors d'une grossesse. Il constitue la partie centrale de l'appareil reproducteur féminin et est formé de deux parties : le corps de l'utérus et le col de l'utérus. Ce dernier est le passage entre le vagin et le corps de l'utérus et permet la lubrification du vagin par les sécrétions de la glaire cervicale, plus communément appelées « pertes blanches ». L'utérus est une paroi musculaire composée de trois parties : le myomètre, l'endomètre et le péritoine. Chacun a un rôle à jouer sur la cyclicité.

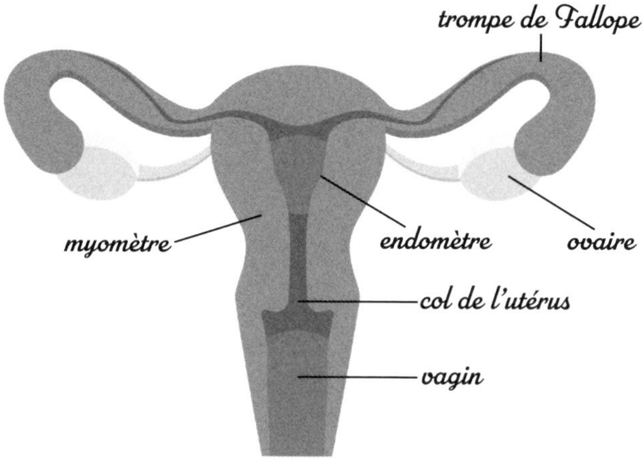

Tout au long de son cycle, le vagin sécrétera des pertes blanches, appelées aussi « pertes vaginales » ou « leucorrhées ». Elles sont composées de glaire cervicale, de cellules mortes et la muqueuse vaginale, de cyprine, de sueur. Celles-ci surviennent tout au long de la vie hormonale d'une femme, de la puberté à la ménopause. Ce sont des sécrétions naturelles produites par le vagin et l'utérus. Elles sont de couleur blanchâtre ou translucide, quoique leur apparence ainsi que leur texture changent au fil des cycles. Elles permettent d'évacuer et de nettoyer les cellules mortes, afin d'assurer le bon équilibre de l'intimité.

Les ovaires et les trompes de Fallope, quant à eux, sont les organes permettant l'ovulation. Les ovaires contiennent des follicules, présents dans le corps de la femme depuis sa naissance, mais qui ne seront relâchés qu'à partir de la ménarche jusqu'à la ménopause. Ils permettent de produire des hormones sexuelles au fil du cycle menstruel. Les trompes de Fallope, elles, sont situées de chaque côté de l'utérus et guident l'ovocyte jusqu'à celui-ci. C'est généralement dans ces trompes qu'a lieu la fécondation, lorsqu'un ovocyte rencontre un spermatozoïde.

L'ensemble de l'utérus est solidement fixé à la paroi pelvienne par cinq ligaments. Le premier, le ligament large, unit le bord latéral du corps utérin avec la paroi latérale du petit bassin. Viennent ensuite le ligament rond ou « funiculaire », qui unit l'angle latéral du corps utérin à la grande lèvre en passant dans le canal inguinal, puis le ligament utéro-ovarien, qui unit l'angle latéral du corps utérin à l'extrémité utérine de l'ovaire et le ligament utéro-sacré, qui unit le col de l'utérus au sacrum et se confond avec le bord supérieur des lames sagittales ou « sacro-recto-génito-vésico-pubiennes ». Enfin, le dernier, le ligament vésico-utérin, correspond à l'épaississement de la partie supérieure du septum vésico-vaginal.

L'utérus est habituellement « antéversé », c'est-à-dire basculé vers l'avant, si bien qu'il repose sur la vessie. Toutefois, certains peuvent être « rétroversés », c'est-à-dire inversés, et donc reposer sur le rectum. Cela n'a aucune incidence sur son fonctionnement et ne présente aucun risque, excepté d'éventuelles douleurs pendant les rapports, lors de pénétration profonde, ou lors des menstruations. Il existe également l'utérus « bicorne » qui lui, en revanche, est une anomalie dont la particularité est d'avoir deux cavités distinctes ou partiellement séparées, ainsi que l'utérus « cloisonné », qui est une malformation qui peut néanmoins être opérée.

Enfin, notons que certaines femmes naissent avec une absence totale ou partielle de vagin et d'utérus, et que d'autres seront opérées au cours de leur vie. Néanmoins, cela n'empêche en rien la femme de se connecter ou de se reconnecter à ce lieu sacré, auquel elle peut avoir accès grâce à la mémoire cellulaire et énergétique de son corps ainsi qu'à sa cyclicité, qu'elle soit menstruelle ou lunaire.

RENOUER AVEC SA CYCLICITÉ

Chaque femme est soumise à son cycle et à ses différentes phases, liées aux fluctuations hormonales, aux variations émotionnelles et énergétiques. Il est essentiel de rappeler qu'il existe autant de cycles qu'il existe de femmes menstruées. En moyenne, les règles durent quatre à cinq jours, et le cycle menstruel environ vingt-huit jours. Cela correspond à peu près à quatre semaines. Cependant, il est essentiel de se détacher de cette généralité pour observer et renouer avec sa propre cyclicité, apprendre à s'écouter et à se comprendre, étant donné que chaque femme, aussi cyclique soit-elle, est singulière. En effet, chaque femme a son propre rythme, et même si elle est réglée tous les vingt-huit jours, ce n'est pas pour autant qu'elle ovulera forcément au quatorzième jour de son cycle. C'est pourquoi chaque femme est invitée à se montrer attentive à son cycle, tout comme aux changements de son corps et de sa muqueuse vaginale, aux conséquences hormonales et énergétiques qu'il entraîne, et aux différentes sécrétions vaginales. On peut découper celles-ci en quatre phases. Chacune de ces phases a ses dons, ses pouvoirs et sa puissance, que vous pourrez explorer dans la deuxième partie de ce recueil. Cette reliance aux quatres phases du cycle est essentielle pour permettre un éclairage pour les femmes menstruées mais également pour celles coupées de leur cycle naturel pour se référer et s'accompagner en conscience vers une meilleure compréhension et connaissance de soi.

Avant d'aborder cela plus en détail, sachez qu'il existe un diagramme menstruel, qui peut se révéler être un outil précieux pour vous reconnecter à votre propre cyclicité ainsi qu'à votre féminin sacré.

DIAGRAMME MENSTRUEL

Que vous soyez menstruée ou non, si le cœur vous en dit, je vous invite à vous procurer un carnet et à y dessiner un diagramme menstruel appelé également « diagramme lunaire ». Il sera votre support pour observer et comprendre votre cycle ainsi que ses quatre énergies différentes.

Ce diagramme se présente sous la forme d'une roue pareille à un mandala divisé en quatre phases sur lequel sont également représentés tous les jours de votre cycle. Il commence à partir du premier jour de vos règles (ou à partir de la nouvelle lune, pour les femmes non menstruées) et se termine au premier jour du cycle suivant. Chaque division représente une journée, dans laquelle vous pouvez noter les jours de votre cycle, les phases de lunaison, vos impressions physiques (ex. : tension dans le bas-ventre, sensibilité au niveau de vos

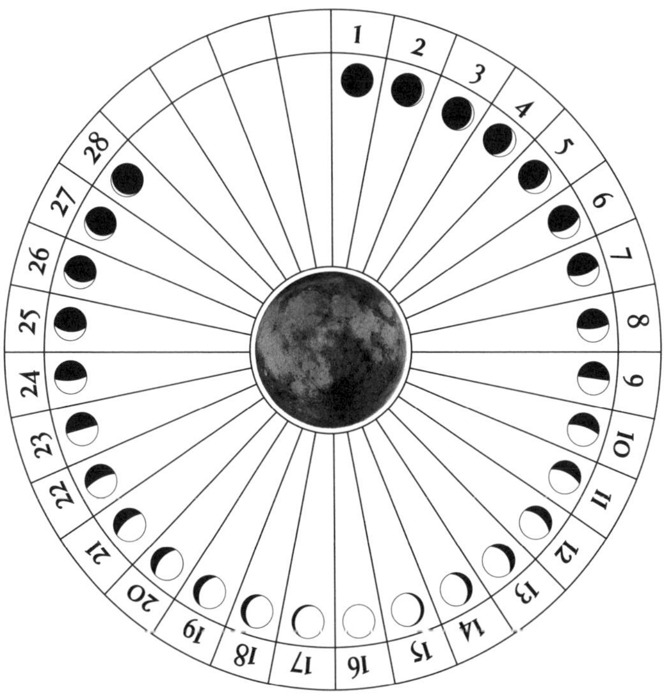

seins, pertes et glaires vaginales, sommeil, anxiété, maux de tête, etc.), vos émotions, votre énergie générale, votre désir sexuel, vos rêves et tout ce qui vous passe par la tête.

En quelques mois, vous serez capable de définir la durée de vos cycles et de déterminer si ceux-ci sont réguliers. Vous pourrez en tout cas en distinguer les phases et différencier les fluctuations de vos énergies personnelles inhérentes à celles-ci. Affiner votre connaissance de votre état physique et émotionnel vous permettra d'accorder vos envies et vos activités. Ce diagramme se fera le témoin de toutes ces expériences pour vous aider à vivre votre cyclicité de manière consciente et harmonieuse. Vous pourrez également observer et déceler des irrégularités ou des maux inhabituels pour mieux vous accompagner et répondre à vos besoins.

Bien entendu, ce diagramme n'est pas figé. Vous pouvez vous en inspirer et vous l'approprier, mais n'hésitez pas à y ajouter tout ce qui vous semble juste en suivant votre propre cycle. Tel un journal, retranscrivez-y chaque rituel, expérience et prise de conscience comme vous le souhaitez, et ajoutez-y ce qui vous plaît, que ce soient des mots, des créations, de la peinture...

Ainsi naîtra votre propre recueil féminin, votre propre guide.

VOTRE ESPACE SACRÉ

Je vous invite également à créer un espace « d'ancrage » bien à vous, qu'il soit intérieur ou extérieur. Ce lieu, unique, vous permettra de vous honorer. Il vous aidera à vous connecter au sacré, à votre spiritualité, et deviendra un lieu « ressource ». Autrement dit, il vous accueillera dès que vous en ressentirez l'envie ou en cas de besoin d'élever vos énergies.

Cet espace d'ancrage est idéal pour donner et recevoir, vous libérer, vous régénérer, rêver, méditer et pratiquer. Il deviendra un espace qui, au fil de vos réflexions, de vos explorations, de vos initiations, de vos pratiques et de vos rituels, s'intégrera naturellement dans votre processus de guérison.

En ce lieu, tel un autel, je vous enjoins à déposer des objets dont vous auriez hérité et que vous vénérez ; des objets sacrés, ou simplement sources d'inspiration. Appropriez-vous le lieu avec une bougie, de l'encens, un bâton de pouvoir, des fleurs, des feuilles, des pierres précieuses, des photographies de vos ancêtres ou de personnages, des images d'enseignants et de ceux qui vous inspirent, des dessins, un journal intime, des plumes, des coquillages, un récipient, mais aussi avec un coussin sur lequel vous pourrez vous asseoir. Laissez à proximité un châle, une couverture ou votre tapis de yoga, si vous en possédez un. Vous pouvez y ajouter tous les symboles ou objets symboliques que vous désirez, du moment qu'ils vous connectent à votre féminin sacré et à votre spiritualité.

SE VÊTIR POUR CÉLÉBRER

Durant la phase de saignement, choisissez un vêtement dans lequel vous vous sentez reliée à votre féminin sacré. Préférez une tenue agréable et ample, qui permette une bonne circulation de vos énergies ainsi qu'une bonne fluidité dans vos mouvements. Préférez si possible une robe, une jupe ou un châle de couleur rouge, bordeaux ou pourpre ; celle-ci sera davantage en lien avec les énergies issues de vos menstruations. Vous pouvez aussi réserver une parure de lit dans les tons rouges à cette phase de votre cycle. Ainsi, vous pourrez davantage honorer votre cycle, et ce à tous les niveaux.

SI VOUS EN RESSENTEZ L'ENVIE

Ce recueil permettra d'ancrer votre cheminement. Cependant, si, pour certains de vos rituels et pratiques, vous vous sentez bloquée, ou que ceux-ci font remonter à la surface un évènement traumatisant ou synonyme de souffrance pour vous, qui demande à ce que vous soyez accompagnée, n'hésitez pas à vous tourner vers un thérapeute afin d'effectuer ce travail, pour que cette personne puisse vous éclairer et vous libérer de ce qui, inconsciemment, serait la cause de ce mal-être. Une prise en charge est parfois nécessaire sur la voie de cette guérison profonde de tous vos corps (physique, mental ou énergétique).

PREMIÈRE PARTIE

Transmissions

être femme

Depuis la nuit des temps, les femmes vivent en osmose avec la nature. Elles sont naturellement connectées à la Terre et à la Lune, qui symbolisent les énergies du sacré ainsi que du féminin. Autrefois, on racontait que certaines femmes, qui vénéraient et connaissaient les plantes et leurs remèdes, pouvaient même invoquer les esprits de la nature et communiquer avec eux.

Ces femmes étaient des guérisseuses, des sorcières, des sages-femmes ou des guerrières. Elles maîtrisaient les secrets de la médecine et étaient conscientes de l'existence d'un monde visible et d'un monde invisible. Elles étaient des femmes libres et indépendantes et à cause de cela, elles ont été abusées, violentées, torturées et brûlées à grande échelle.

C'est dans ce climat de peur et de terreur que les femmes, au fil des siècles, ont commencé à vivre dans l'ombre des hommes. Elles ont été des mères de famille réduites au silence, incapables d'agir ou même d'exprimer leur féminin sacré, sauvage et spirituel. Elles ont été dociles, polies, pour la plupart de bonnes épouses de génération en génération, tandis que d'autres se sont laissé voler leur essence profonde et puissante.

Si, de nos jours encore, on préfère oublier la violence de la chasse aux sorcières de jadis, c'est parce qu'en réalité, notre société d'aujourd'hui la pratique encore ! Nous sommes soumises à une domination patriarcale et certaines idées restent, malheureusement, tenaces.

À notre époque, les femmes continuent de vivre des choses sans que leur consentement ne soit demandé ou respecté. Elles subissent encore de multiples viols ainsi que des violences sexistes, sexuelles et gynécologiques. Elles sont humiliées, brimées, torturées ou pire, tuées.

De ce fait, pour de nombreuses femmes, leurs règles restent un sujet tabou. Elles subissent leurs cycles et leurs émotions. Elles se retrouvent alors coupées de leur essence, de leurs potentiels et de leurs pouvoirs de transformation.

Dans la plupart des pays du monde, naître femme est une malédiction. Heureusement, de plus en plus de femmes, mues par un élan de sororité, s'élèvent et transcendent ce schéma afin de permettre à toutes, ensemble, de se réapproprier leur nature cyclique.

Au-delà du manque de droits et de protection, de l'oppression que nous pouvons parfois subir, du désespoir, de la colère, de l'injustice ou du sentiment de révolte qu'il nous est possible d'éprouver, il est crucial de comprendre et d'intégrer certains enjeux. C'est particulièrement le cas en ce qui concerne l'égalité entre les femmes et les hommes.

En effet, outre le mouvement féministe actuel qui reprend l'image des soeurcières afin de défendre, promouvoir et obtenir le respect et la liberté dus aux femmes, que cette dernière soit politique, économique, culturelle, sociale ou juridique, on assiste à présent à un bel et puissant engouement, moins ostensible, qui se tisse partout dans le monde. On parle « d'écoféminisme ». Il s'agit d'un courant qui considère que toute forme de domination et d'oppression des femmes par les hommes participe à celle des humains sur la nature.

Cette oppression a plusieurs causes et de nombreuses conséquences environnementales. On note notamment un déséquilibre du climat, un appauvrissement de l'écosystème et un désastre humanitaire. En plus de l'exploitation et la recherche de performance à tout prix, la compétition et la domination entraînent la désunion profonde de cet ensemble vivant qu'abrite la Terre, ce qui a de nombreuses répercussions sur la santé des êtres, mais plus sensiblement encore, sur celle des femmes. Elles ne peuvent plus supporter la pression et tenir le rythme constant et linéaire imposé par des schémas et idées archaïques, encore en vigueur dans le monde d'aujourd'hui, même s'il reste difficile de dire à quoi va ressembler demain.

Les femmes savent. Elles entendent l'appel profond de la Terre-Mère et le valorisent. Elles prennent conscience de la répression qu'elles subissent, renouent avec leurs pouvoirs et s'éveillent au féminin, et plus particulièrement encore au caractère sacré dans toutes ses dimensions. Elles sentent et ressentent ce lien étroit qui relie la femme à la nature et inversement. Elles s'éveillent à celui-ci pour elles-mêmes, pour procéder à leur guérison ainsi qu'à celle de toute forme de vie et de la Terre, mais également à celle du monde ; là où chacun vit en harmonie et à sa juste place.

En effet, à l'ère matriarcale, les femmes étaient relativement conscientes de tout ceci et intimement connectées à elles-mêmes tout comme au vivant, aux animaux et aux végétaux. Elles honoraient la terre, dont elles puisaient leurs inspirations, qu'elles relèvent du sacré ou du rituel. Elles savaient respecter leur rythme cyclique pour instaurer des temps de repos au moment de leurs saignements.

Jadis, dans certaines contrées, les femmes se retiraient même ensemble, au moment de la nouvelle lune ou de celui de leurs menstruations, pour renouer avec elles-mêmes, se réapproprier leurs secrets et leurs pouvoirs.

Aujourd'hui naissent de nouveaux courants, partout dans le monde, et les femmes, de plus en plus nombreuses, se rassemblent au sein d'ateliers, de cercles et de tentes rouges. C'est le signe de l'éveil d'une conscience féminine.

Ces cercles sont destinés à renouer avec l'énergie féminine, la maternité, à se réapproprier son corps de femme, sa nature cyclique et ses sagesses ancestrales. Ils proposent un espace de parole intime et privilégié, placé sous le signe de la bienveillance, de la tolérance et sont exempts de toute compétition. Ce sont des lieux qui permettent à chacune des femmes présentes de s'initier, d'expérimenter, de s'éveiller et de plonger au cœur de la voie du féminin sacré. Elles communiquent, se confient, s'écoutent, se soutiennent et s'enseignent des choses. Elles surmontent leurs souffrances, se libèrent de leurs blessures passées, présentes et à venir, mais également des conditionnements, des schémas et des croyances qui leurs sont imposés.

Ensemble, elles célèbrent la Lune, les saisons et la sexualité, organisent des rituels et se guérissent. Elles se mettent en mouvement, chantent et dansent. Elles renouent avec leur force créatrice, leur instinctivité et leur intuitivité. Elles laissent leur beauté intérieure et leur pouvoir s'exprimer, pour qu'ensemble, les femmes du monde puissent s'éveiller à leur puissance.

C'est dans chacun des organes, tissus et cellules d'une femme qu'est logée sa puissance féminine sacrée ; de ses pieds, qui lui permettent de s'enraciner et d'établir une connexion avec la terre en la reliant à la nature, à son ventre et son utérus, sources de créativité et refuges sacrés pouvant accueillir la vie, en passant par sa poitrine, qui permet de nourrir son enfant si elle a souhaité en avoir un.

Ainsi libérée et guérie, une femme peut panser les plaies d'autres femmes du cercle auquel elle appartient, de sa lignée et du monde. Nous, femmes, incarnons ensemble la sororité. Elle définit, ici, une transmission, une valorisation, un soutien et un encouragement bienveillants entre femmes. Au cœur de cette connexion, nous sommes en marche, ensemble, vers notre guérison, celle de notre mémoire, ainsi que vers notre essence, nos lumières. Nous créons un nouveau monde plus en accord avec la nature profonde du féminin et de sa cyclicité.

Qu'importe vos empreintes, il est maintenant temps de couper les liens qui vous enchaînent à votre souffrance, de vous guérir et de vous ouvrir à une nouvelle ère cyclique.

naturellement cyclique

En plus de sa sensibilité et ses énergies, qui ont tendance à évoluer au fil des phases, chaque femme est cyclique et unique. Elle porte en elle les secrets de son rythme menstruel, influencés par ses changements physiques, hormonaux et émotionnels. En effet, chaque mois, la femme traverse plusieurs états qui se tissent et évoluent sur vingt-huit, trente ou quarante-deux jours. Et c'est au cœur de cette impermanence naturelle qu'elle est appelée à s'écouter et à se reconnecter à sa cyclicité.

Le féminin, de par sa nature cyclique, est en lui-même un pouvoir immense, un guide précieux et nécessaire à la femme. Celle-ci est naturellement guidée par les périodes de sa vie ainsi que par les énergies de ses quatre phases, tout comme par les hormones qui créent, influencent et gouvernent son cycle féminin. En effet, plus une femme est sensible à son cycle et ses émotions, plus elle y est à l'écoute et le ressent. Cela s'apprend.

Tout comme la femme évolue au fil de sa vie, marquée par des passages clefs, elle est naturellement traversée par des moments d'introspection et plongée dans la méditation, ce qui lui permet d'avancer dans l'accomplissement de ses rêves. Elle est portée par son intuition et ses réalisations. Elle progresse avec les cycles menstruels propres à ses différentes phases.

En effet, jour après jour, les femmes expérimentent des variations hormonales qui agissent et influent sur tous ses plans (qu'il s'agisse par exemple de ses émotions, de ses sensations ou de son sommeil) et dans tous ses corps. Ce processus est composé de quatre phases, étroitement liées à la santé, mais également à l'état physique, mental, émotionnel, spirituel et énergétique de la femme.

Que ce cycle se manifeste plus ou moins silencieusement, toujours est-il que vingt-huit jours représente le temps moyen nécessaire à une femme pour le vivre. Néanmoins, celui-ci peut être plus ou moins long selon les femmes et les périodes de sa vie. Ainsi, il peut être tantôt inconstant, tantôt retardé ou perturbé par l'environnement, l'alimentation, le stress, le mouvement constant et effréné imposé par la société ou une prise hormonale. Ces derniers peuvent déséquilibrer le corps, le cycle, les hormones, les émotions et l'énergie de la femme.

Cependant, il est capital de se défaire et de déconstruire des injonctions autour de la cyclicité. En effet, le cycle d'une femme est en perpétuel mouvement et aucun cycle ne se ressemble réellement. Il n'y a pas de normes, ni de « règles » autour de la cyclicité et l'idée d'un cycle de vingt-huit jours n'est clairement pas l'aboutissement du féminin. Un cycle régulier ne doit pas être une finalité mais un cheminement vers l'exploration de soi en étant à l'écoute de son propre rythme.

En ce sens, et afin de l'accompagner, il est important de mieux comprendre son propre cycle et les quatre phases qui le composent : menstruelle, folliculaire, ovulatoire et lutéale. Cela sera essentiel pour renouer avec son corps, sa puissance, sa créativité, mais aussi pour évaluer ses accomplissements, établir et planifier des étapes de vie et d'envies, entreprendre des choses avec clarté, en fonction des phases les plus propices pour vous-même.

C'est en partant à la rencontre de votre cycle que vous tirerez vos propres enseignements, qui vous conduiront aux dons inhérents à votre féminin sacré.

PHASE MENSTRUELLE

C'est la première phase du cycle. Elle est marquée par l'écoulement du sang. Il s'agit d'une phase de contemplation, d'intériorisation, d'introspection et de repos. Elle permet de se reconnecter à l'essentiel, en laissant libre cours à la réception d'idées nouvelles qui, elles-mêmes, se traduiront par des messages de renouveau.

PHASE FOLLICULAIRE

La phase folliculaire est la phase pré-ovulatoire. Il s'agit de la deuxième phase du cycle. C'est une phase dynamique, durant laquelle la femme brille par son indépendance. Elle est alors dotée d'une endurance physique, d'une créativité, d'une lucidité, d'une attention et d'une concentration mentale surprenantes, qui lui permettent de s'essayer en toute confiance à de nouveaux apprentissages et à l'approfondissement de nouvelles réflexions.

PHASE OVULATOIRE

Cette troisième phase correspond à la période ovulatoire. Elle favorise la sensualité, l'expression, la créativité émotionnelle, et fait naître un sentiment maternel chez la femme, qui se traduit dans ses relations par davantage de communication et une immense empathie. Cette phase permet de soutenir les autres et de travailler plus facilement avec eux, avec attention et bienveillance.

PHASE LUTÉALE

La phase lutéale fait écho à la phase prémenstruelle. C'est la quatrième et dernière phase du cycle. À ce moment, l'énergie mentale se transforme en intuition. La femme est guidée par ses rêves et ses cauchemars. Cette phase est synonyme d'inspiration, d'idées nouvelles et de créativité. Elle permet de se questionner sérieusement sur nos besoins et ainsi, de se libérer de ce qui n'est plus.

La femme est donc naturellement et profondément reliée à son cycle menstruel et ses quatre phases. Si elle les écoute, elle découvrira qu'elle possède en elle-même des secrets, des ombres et des lumières. Elle sait. Elle ressent les choses. Il est donc essentiel pour chaque femme de s'éveiller à son cycle et d'établir un lien avec chacune de ses phases, pour permettre à ses énergies de circuler librement en elle et ainsi se nourrir, se nettoyer, se guérir et explorer ses potentiels infinis.

Le féminin est, en ce sens, une énergie qui, cycle après cycle, a le pouvoir de créer un monde nouveau et de donner la vie, aujourd'hui, au monde de demain. La femme possède en elle-même le pouvoir de se guérir et de guérir les femmes de sa lignée, la Terre et le monde, grâce au flux sacré : son sang.

menstruation et sang sacré

Les « règles ». Ce mot renvoie à une représentation très étroite de l'histoire de la femme, de ses cycles et de ses émotions. Pourtant, il n'existe pas de « règle » établie, surtout pas en ce qui concerne la cyclicité des femmes. Il est donc précieux d'utiliser des termes plus appropriés pour désigner ces « règles », tels que « menstruations », « menstrues », « périodes » et « périodiques » ou « lunes », en raison de la cyclicité de l'évènement, que nous avons déjà évoquée.

Avant cela, il me semble essentiel de rappeler un peu l'histoire des « règles » de la femme. En effet, depuis la nuit des temps, malgré l'exil menstruel pratiqué dans certaines cultures qui considèrent la femme comme impure pendant ses menstruations, pour d'autres sociétés ou tribus, c'est tout le contraire : c'est l'occasion pour elles d'honorer la femme. C'est le moment de la considérer alors comme une personne puissante et sacrée. Durant cette période, les femmes se retrouvent entre elles pour célébrer ensemble leur féminité. Elles en profitent pour se transmettre des savoirs purement féminins.

En effet, le « cycle menstruel » ou les « menstrues » est un processus naturel qui prépare le corps féminin à accueillir une grossesse chaque mois, de la puberté à la ménopause. Il marque la fin du processus hormonal cyclique au premier jour de saignement et marque, de la même façon, le premier jour du cycle suivant, s'il n'y a pas eu fécondation.

Le sang s'écoule alors par le vagin, sous la forme d'un flux non continu, plus ou moins épais. Sa couleur rouge s'assombrit au fil de la phase de saignements. C'est un moment précieux et suspendu dans le temps qui incite la femme à être pleinement consciente d'elle-même, de son corps, et à se retrouver.

La ménarche est la période des premières règles. Elle marque donc le passage à la fertilité. Elle est souvent précédée de signes annonciateurs, dure et évolue jusqu'à la ménopause, phénomène naturel qui met progressivement au repos l'endomètre et signe l'arrêt des règles, soit la fin de la période de fertilité. Ce cycle fait partie intégrante de la vie d'une femme, depuis ses 12 ans environ jusqu'à ses 47 ans en moyenne et subira des changements et variations tout au long de sa vie.

Un cycle régulier correspond à une période de vingt-huit jours, mais cette durée s'étale et varie chez chaque femme. Il peut ainsi aller de vingt-cinq à trente-cinq jours, en fonction de plusieurs critères et des périodes de la vie concernées. En effet, les cycles et les menstruations sont souvent irréguliers lors des premières menstrues, à l'approche de la ménopause et suite à l'arrêt d'un moyen de contraception. À noter qu'un cycle court ou trop long peut être dû à un déséquilibre hormonal à explorer et des menstruations longues et abondantes occasionnelles peuvent être le signe d'une fausse-couche. Le cycle menstruel peut également être perturbé par des périodes de la vie plus compliquées, où joueront la fatigue, le stress, l'alimentation... Dans les cas les plus extrêmes, les menstrues peuvent entraîner des syndromes prémenstruels intenses, tels que le syndrome de l'intestin irritable, un mauvais sommeil, un sentiment d'anxiété pouvant aller jusqu'à provoquer une période plus ou moins longue d'aménorrhée, c'est-à-dire une absence de règles. C'est aussi ce que l'on constate au moment de la ménopause, qui survient dès lors qu'un an d'aménorrhée s'est écoulé après les dernières règles.

D'une manière générale, des menstruations équilibrées sont sans douleur, hormis quelques gênes possibles lors des contractions utérines. Elles durent entre trois à cinq jours, jusqu'à sept jours, avec une abondance du flux dès l'arrivée des saignements. Le sang est alors épais, sans amas ni caillots. Il est de couleur rouge vif et profond les premiers jours. Au fil des menstruations, il s'estompe et son flux est moins abondant, jusqu'à ne plus se manifester que par des traces rouges un peu plus foncées.

Les menstruations sont en réalité le reflet de l'état émotionnel de la femme. Le sang menstruel permet d'observer un éventuel déséquilibre ou un dysfonctionnement du cycle menstruel. La couleur du sang et sa texture, mais aussi la digestion lors des menstruations, apportent des indications sur l'état physique, émotionnel et énergétique de la femme – et inversement. Ces informations sont importantes pour communiquer et s'exprimer, notamment afin de soulager tel ou tel organe pour rééquilibrer son cycle et ses hormones.

Malheureusement, peu de femmes sont informées des subtilités de leurs menstruations. De ce fait, le cycle menstruel est encore vécu, par de nombreuses femmes, comme un désagrément, voire une période où elles sont « sales ». En effet, cette idée a été transmise de génération en génération par un silence profond, conscient et/ou inconscient, jusqu'à inscrire en nous toutes la peur de la tache, comme si cela pouvait être honteux ou dégradant. Mais, heureusement, les choses bougent et évoluent.

Ces dernières années, c'est portées par l'élan d'un activisme menstruel que les femmes brisent les tabous et ont enfin fait des menstruations un véritable sujet de société. Elles s'y intéressent et s'observent. Elles libèrent la parole et lèvent les tabous. Elles expriment librement leurs choix et leurs besoins dans tous les domaines, mais plus particulièrement encore en matière de moyens de protection hygiénique exempts de produits toxiques. Elles adoptent des serviettes lavables, des coupes menstruelles, des culottes menstruelles ou choisissent le « flux instinctif libre », qui consiste à ne pas utiliser de protection pendant ses règles et à contrôler consciemment l'écoulement du sang menstruel. Certaines, encore, mettent en scène des photographies de culottes tachées sur les réseaux sociaux ou dans les rues, créent avec leur sang et le rendent à la terre.

Effectivement, le sang menstruel est un sang sacré, une source puissante de fertilisation. Il est un lien étroit avec l'essence féminine. Il représente une rivière profonde et intime, tracée entre notre utérus et la terre. Ce sang est différent de celui qui circule dans nos veines. Ce n'est pas non plus uniquement du sang venant de l'endomètre. Il participe à un processus de purification qui permet d'évacuer la plus grande partie des toxines et déchets accumulés pendant le cycle passé. Le sang des règles est composé principalement de sang, de fragments de muqueuses, de cellules souches et glandulaires, d'anticorps provenant du liquide lymphatique et de nutriments, vitamines, protéines, sels minéraux, magnésium, potassium, etc.

Il contient également tout le patrimoine génétique de la femme. C'est pour cela que ce sang est une substance sacrée qu'il nous faut honorer. Il guérit et nourrit. Il permet d'accepter son corps et d'en faciliter le nettoyage, la détoxification, et de libérer ce qui doit mourir. Ce sang est un flux libérateur qui permet une vie future remplie d'amour et de fertilité.

Le sang représente ainsi une phase de transition entre la fin d'un cycle et le début d'un autre.

archétypes du féminin

De tout temps, une multitude d'archétypes ont existé, qu'ils soient relatifs à la féminité ou à plein d'autres domaines. Ces archétypes sont des symboles universels et se retrouvent naturellement dans l'inconscient collectif. Chacun d'eux varie selon les cultures et les traditions, mais aussi selon le parcours de chacun : ils constituent notre identité.

En ce qui concerne la femme, les archétypes sont nombreux et se retrouvent dans les mythes, l'image que l'on se fait des déesses ou même dans celle des mères originelles[1], qui nous parlent chacune des dons et des capacités du principe du féminin.

Chaque archétype peut aider une femme à découvrir ses dons, ses énergies, ses talents, ses ombres et ses lumières. En s'identifiant à eux, la femme exprime, éveille et incarne ce qui vibre en elle. L'archétype reflète alors ses inspirations, ses intentions, ses besoins et ses désirs. Ils lui permettent de dévoiler ses essences féminine et spirituelle profondes.

La femme, de par son cycle menstruel, est traversée par quatre archétypes tout au long de son cycle : la jeune fille, la mère, la femme sage et l'enchanteresse. Chacun de ces archétypes est porteur d'énergies différentes.

1. Grâce à Jamie Sams, la tradition du conte des 13 mères originelles et ses enseignements ont pu nous être transmis et peuvent désormais se perpétuer à travers le monde. Chaque cercle permet la lecture du conte initiatique, mais aussi un échange et un partage de l'enseignement de la mère du mois. Les 13 mères apparaissent alors sous différentes formes, mais toujours sous des aspects du monde féminin. Elles transmettent leurs savoirs et apportent chacune leur médecine qui leur est propre durant 13 mois.

Néanmoins, il y a parmi eux trois archétypes principaux, qui se tissent au fil de la vie d'une femme : la « jeune fille », qui marque la ménarche, la « mère », qui marque la fertilité, et la « femme sage », qui marque la ménopause. Ces trois archétypes sont les symboles de grandes transformations et d'éveil.

Chaque femme, au passage d'un nouvel archétype, est traversée par des changements physiques, physiologiques, spirituels, émotionnels et mentaux. Elle plonge à la rencontre de nouvelles énergies, de nouveaux apprentissages et enseignements conscients et inconscients qui lui sont propres.

C'est l'occasion pour elle d'accomplir des rites de passage symboliques. Ils marquent le passage à une nouvelle phase de conscience et permettent de s'initier, que ce soit aux trois archétypes prédominants de la femme, mais aussi à toutes les autres étapes importantes de la vie. Cela peut passer par la célébration des quatre saisons, d'une union, d'une guérison, d'un deuil... Ces rites sont l'occasion de se sentir soutenue par les femmes de sa lignée ou de son clan, et d'effectuer une transition.

LA JEUNE FILLE ET LA MÉNARCHE

La jeune fille est le premier archétype, durant lequel la femme est tournée vers elle-même et sa propre croissance. Elle est une période ponctuée par les héritages, l'éducation, l'enfance et l'adolescence. Elle est une période dans laquelle beaucoup de blessures trouvent leurs origines, notamment durant la vie intra-utérine et les premières années de vie. C'est la première phase qu'elle connaît durant son cycle de vie, avec en son centre, la venue des premières règles. Cette phase représente son premier rite de passage et marque le début de la fertilité.

Tout au long de cette phase, la jeune fille, qui jusqu'alors était dotée d'un caractère linéaire, est traversée par de nombreux changements au niveau de son corps, de son esprit et de son âme. Ce passage marque la transformation de son corps d'enfant à un corps de femme.

Les premières règles dessinent sa nature cyclique par la stimulation de différentes hormones. La jeune fille change de morphologie : son bassin s'élargit, son sexe produit des fluides, ses seins se développent, son sexe, notamment ses lèvres, se modifie, ses poils apparaissent, sa transpiration augmente et elle connaît des fluctuations émotionnelles.

Il est essentiel, en cette période de grand changement, de lever les tabous et d'accompagner les jeunes filles dans leurs interrogations, leurs doutes, leurs appréhensions et leurs joies. En parler permet de mieux vivre cet évènement, symbole d'entrée dans le cercle de femmes d'une famille.

Ces premières menstruations permettent à la jeune fille d'intégrer un cercle de femme, et plus particulièrement de célébrer sa ménarche au sein d'un cercle de femmes de sa lignée composé par exemple de sa mère, ses grands-mères, ses sœurs, ses tantes, ses cousines... Celles-ci guideront la jeune fille et la soutiendront. Cela sera l'occasion pour elle d'être initiée à des enseignements purement féminins, notamment relatifs à l'importance d'écouter ses cycles et ses phases. La jeune fille se verra ainsi transmettre son histoire, les histoires et les expériences des femmes de sa lignée, et recevra des vœux et souhaits pour sa vie de femme fertile.

Selon l'âge auquel se produit la ménarche, veillez à ce que cette journée soit célébrée dans un lieu rassurant, afin de répondre au mieux aux besoins et aux envies de la jeune fille. Ainsi, elle pourra vivre cette expérience dans l'amour, avec un passage qui lui ressemble.

La jeune fille est une période de la vie idéale pour se reconnecter à son enfant intérieur, le soutenir et le guérir.

LA MÈRE ET LA FERTILITÉ

La mère est une période qui représente la fertilité. Celle-ci peut être marquée par l'interruption des règles lors d'une grossesse ou d'une période aménorrhée. La femme, qu'elle ait le souhait de devenir mère ou non, incarne alors la procréation. Son corps ne demande qu'à donner la vie.

Il est essentiel d'ajouter que la fertilité n'induit pas forcément d'enfanter. En effet, devenir mère ou non dépend de votre envie et de nombreux autres facteurs. Pour certaines, refuser d'en avoir est un choix, qui se solde encore bien trop souvent par des remarques, des critiques et des jugements déplacés. Comme si le fait de désirer enfanter était impératif pour la femme. Les femmes, qu'elle soient mères ou non, sont pour la majorité proches des enfants. Elles créent des alliances avec ceux des autres, les aiment et les accompagnent avec beaucoup d'amour et/ou œuvrent à transmettre ce qui résonne en elles. Mais chaque femme a le choix et le droit de s'épanouir et de se sentir pleinement accomplie, même si elle ne donne pas la vie.

Il en va de même pour les femmes qui essaient de concevoir un enfant et qui n'y arrivent pas comme pour celles qui se dirigent vers une assistance médicale à la procréation. Elles peuvent, elles aussi, être soumises à cette même pression et devoir répondre à des questionnements intrusifs, voire blessants.

Cependant, pour celles qui désirent enfanter, sachez que durant la grossesse, la femme se retrouve à la croisée des mondes : le sien et celui qui se crée à l'intérieur d'elle-même. Elle tisse un lien entre le visible et l'invisible. La naissance marque un passage dans la vie d'une femme. Elle peut être confrontée à un bouleversement, des angoisses devant l'inconnu et concernant ses capacités à enfanter, devenir et être mère. Elle se questionne, s'éveille à la maternité et se transforme à nouveau, à chaque fois qu'elle donne la vie.

Cette grossesse modifie le corps de la femme et engendre un changement de statut. Ainsi, la hiérarchie familiale évolue : la mère devient grand-mère et la femme, elle, devient mère. Elle peut alors ressentir le besoin de tisser du lien et de se rapprocher de sa lignée : sa mère, ses grands-mères, ses tantes et des amies qui seraient déjà mères, par exemple.

En cette période, la femme est naturellement traversée par trois phases, qui peuvent toutes être marquées par des rites de passage :

la perte de ses menstruations, la maternité et la reprise de son cycle menstruel, après l'accouchement.

Ces étapes permettent à la mère de célébrer cette expérience unique et de s'entourer de femmes qui lui sont chères. Ces cérémonies particulières, teintées de spiritualité, permettront à la mère d'être accueillie, protégée et soutenue, mais aussi d'accueillir la vie en elle. Durant celles-ci, la femme recevra du soutien, des enseignements de femme à femme, des encouragements, mais également des marques d'attention, de chaleur et d'amour. Ainsi entourée, elle célébrera cet évènement par le chant, des mouvements doux, des massages, des vœux... Ainsi, lors de l'enfantement (appelé également « la délivrance »), la mère sera entourée des prières et de l'amour de toutes les femmes de son cercle, qui se manifesteront par un symbole choisi, comme un bracelet ou un collier commun, afin d'être connectées et reliées.

Il est essentiel de rappeler qu'il y a un million de manière d'enfanter et qu'une femme est déjà complète par le fait d'être elle-même.

La mère est une période de la vie idéale pour renouer avec ses valeurs profondes et ses rêves.

LA FEMME SAGE ET LA MÉNOPAUSE

La ménopause concerne toutes les femmes aux alentours de la cinquantaine. Avant cela, elles traversent une « préménopause » durant quelques années. Celle-ci se manifeste par différents phénomènes, comme la mise en repos progressive de l'endomètre, qui entraîne des ovulations irrégulières jusqu'à disparition complète des règles. La ménopause marque la fin de la période féconde. Cette étape de la vie rend la femme sensible et entraîne avec elle des changements physiques, mentaux, émotionnels, spirituels, sexuels et énergétiques.

Comme pour toutes les périodes de la vie d'une femme, ce passage est bien souvent rejeté par la société et par les femmes elles-mêmes. Ces dernières se retrouvent désorientées en raison de la diminution de production hormonale ovarienne. Elles essaient de taire les symptômes inconfortables qui y sont liés (ex. : bouffées de chaleur, vertiges, sautes d'humeur, baisse de libido, sécheresse vaginale, état dépressif, insomnie, etc.), mais refoulent également toutes leurs transformations corporelles. Ces transformations sont d'autant plus mal accueillies qu'au sein de notre société règne le déni de l'âge. Cela n'est que le reflet d'un manque de partage, d'une souffrance, d'une douleur et d'un sentiment de vide souvent vécus comme une épreuve ou un deuil.

Dans notre société, la ménopause est fréquemment associée à ces symptômes, voire au deuil de la féminité. Pourtant, la femme ménopausée est libérée de l'énergie sollicitée par chaque cycle pour créer un ovule et pour aider l'utérus à porter la vie. Elle est habitée par de nouvelles énergies. Elle profite d'une connexion plus fine à ses héritages et récolte les expériences, les savoirs, les lumières et la sagesse qu'elle a acquis lors des deux archétypes précédents. Ainsi, la femme ménopausée peut vivre la ménopause comme un passage propice à la réappropriation de son identité, en dehors de tout rôle. Elle entre dans une phase de renaissance. Elle est plongée dans une nouvelle étape de sa vie, qui lui offre de nouvelles dimensions emplies de sagesse, de clairvoyance et d'une plus belle connexion à son âme.

Un an après le dernier saignement, la femme pourra alors s'entourer de femmes chères à son cœur et célébrer cette étape. Cette célébration sera adaptée à sa personnalité pour qu'elle puisse exprimer au mieux son expérience et la partager. Ce rite permettra à la femme de s'ouvrir pleinement à cette nouvelle étape, à sa sagesse, et de faire le vide en elle. Elle honorera ses blessures, ses expériences et ses enseignements passés, et prendra conscience des changements de tout son être. Elle sera invitée à allumer puis éteindre une bougie par étape, souffrance et blessure vécues pour libérer et dénouer consciemment les nœuds du passé, et pardonner ce qui doit l'être.

La femme ménopausée n'est plus soumise au cycle reproducteur, qu'elle a transcendé. En revanche, bien qu'il y ait un temps pour le premier saignement et un temps pour le dernier, la nature cyclique de la femme sage demeure. Elle se poursuit et continue d'exercer son influence au-delà de la ménopause.

La femme sage est une période de la vie idéale pour renouer avec sa lignée et ses guides.

lignée de femmes

L'utérus est le refuge de nos ancêtres. Il est en effet le réceptacle sacré de la vie, de la naissance et de la mémoire. Ces dernières nous habitent et laissent des traces, de génération en génération, comme un tissage commun à toute notre lignée.

Les femmes de notre lignée sont dans nos gènes, nos cellules et nos tissus. Elles sont notre mère, notre grand-mère, notre arrière-grand-mère et toutes les femmes qui vivent en nous. Nous sommes reliées les unes aux autres. Elles sont notre héritage et notre histoire, dont elles-mêmes sont héritières.

En effet, chaque femme est l'héritière de celle qui l'a portée et mise au monde. Nous portons en nous les gènes, l'histoire et les blessures de nos ancêtres, jusqu'à sept générations en arrière. Notre corps est habité par des traumatismes, des violences, des viols, des incestes, des fausses couches et toute autre blessure de manière générale. Qu'elle ait été blessée, dominée ou salie, la femme transmettra cette expérience à ses filles, ses petites-filles et ses arrière-petites-filles.

Depuis notre vie intra-utérine, nous sommes influées par nos blessures, nos douleurs et les enseignements qui en découlent. La vie, elle, nous amène à revivre certains schémas, conditionnements et croyances de nos ancêtres ; c'est là un moyen pour nous d'expérimenter ce qu'ont vécu les nôtres, dans des dimensions différentes. Ainsi, à chaque fois qu'un tel cas se présente, la vie nous offre la possibilité de nous libérer. Cette voie de libération amène la femme à se guérir, mais aussi guérir sa lignée ; celles qui nous ont précédées, tout comme celles à venir.

Il y a en effet des évènements qui, depuis nos ancêtres, se répètent inlassablement et que nous-mêmes reproduisons inconsciemment.

Pourtant, il suffit qu'une femme choisisse dans son âme et conscience d'endosser le rôle de réparatrice pour couper ces liens toxiques et libérer les femmes de sa lignée des schémas transgénérationnels qui les conditionnent.

Pour cela, il est essentiel de plonger dans l'obscurité et d'accueillir ce chaos. Il faut s'ouvrir à des mémoires traumatiques, des maux et des émotions, mais aussi aux messages transmis de génération en génération. Il est nécessaire de les accueillir et de les laisser nous traverser pour qu'ils prennent une place plus juste dans notre esprit. Ainsi, vous pourrez emplir votre être de ces prises de conscience, vivre ces manifestations et les laisser évoluer. Ce faisant, vous mettrez en lumière ces enseignements et apprendrez à identifier les blessures en comprenant les conséquences.

En effet, il arrive que, à cause de nos convictions, nous mettions en place des mécanismes de défense pour nous anesthésier. Nous nous protégeons et nous nous écartons de nos mémoires et des blessures qui y sont liées. Malgré cela, la blessure se loge dans le corps et le corps s'exprime par différents symptômes qui peuvent remonter à la surface : des peurs, des angoisses, des douleurs... Elle crée des blocages et conditionne nos positionnements, nos émotions, nos relations... Cela crée un déséquilibre émotionnel et des blocages énergétiques. Au fil du temps, ils s'imbriquent les uns dans les autres au travers de non-dits et demandent à être libérés.

Il n'y a cependant pas d'âge ou de période préférable pour engager ce processus. Votre être sait. Il vous appellera dès que vous serez disposée à accueillir et guérir votre féminin. Vous serez éclairée par des prises de conscience soudaines, des symptômes particuliers, tels qu'un passage à vide, des angoisses ou des tremblements, une impression d'épuisement ou la manifestation de certaines pathologies. Tous ces signes vous apporteront l'opportunité de transcender vos blessures.

En effet, la femme peut ressentir qu'un lien est difficile avec l'une des femmes qui composent sa lignée, qu'elle soit décédée ou vivante, ou l'ensemble de celle-ci. Il se peut, de la même façon, qu'elle appréhende cette rencontre, qu'elle soit physique, énergétique ou émotionnelle. Qu'importe les empreintes ou le cheminement, une femme peut tout à fait ressentir qu'il y a, ou a eu, une relation malsaine, toxique ou basée sur de la souffrance, de la critique ou un manque avec l'une ou l'ensemble de ses ancêtres. Il se peut aussi, à l'inverse, que cette relation soit difficile parce qu'il s'agissait d'une relation fusionnelle avec énormément d'amour, dont elle a du mal à se défaire. Dans ce cas, cette relation engendre une absorption telle que la femme elle-même finit par s'empêcher de vivre sa propre incarnation, son histoire et sa propre vie sans sa mère ou la femme de sa lignée concernée.

Ainsi, en identifiant d'anciens schémas de fonctionnement qui ne lui appartiennent pas, la femme peut décider de rompre avec ces conditionnements, abandonner les stratégies de protection qui l'entravent, libérer et déloger les mémoires de son corps et guérir de ses traumatismes passés. En déconstruisant tout cela, elle peut enfin accéder à sa vérité pour s'éveiller à ses dons et ses lumières. Elle peut donc être en conflit avec l'une ou plusieurs des femmes de sa lignée et s'ouvrir malgré tout au lien qui les unit, pour le reconstruire par un positionnement différent et libérateur.

Ce processus participe à libérer une partie de vous, que vous avez nourrie, et que votre mère, votre grand-mère, ont sûrement nourrie, elles aussi. Il est donc parfois douloureux de vouloir couper les liens de souffrance qui, jusqu'ici, vous ont façonnée, et peut-être même protégée. Ce processus demande du temps et de la patience.

En effet, vous ne pouvez pas guérir une femme de votre lignée, mais votre guérison pourra l'amener à guérir elle aussi. C'est pourquoi il est essentiel de garder à l'esprit que, qu'importe la qualité de vos relations avec votre mère, que celles-ci soient compliquées ou non, il est nécessaire de rester ouverte à toutes les femmes de votre lignée, comme votre mère, votre grand-mère, votre arrière-grand-mère et ainsi de suite, parce que c'est ensemble qu'elles vous ont donné la vie. De plus, cela libérera une voie pour vos filles, vos petites-filles, etc.

En d'autres termes, ce processus consiste à opérer un deuil « remuant », à se questionner, déceler les liens et en créer pour percevoir les choses différemment, en les apprivoisant et en les ressentant pleinement. Il se peut que vous vous sentiez perdue ou angoissée, mais dans cette démarche de prise de conscience, il est capital de changer votre vision des croyances ancrées en vous, de vos représentations et de vos certitudes, et de réajuster votre façon de réagir à la souffrance. Il vous faut déconstruire ces schémas, ne plus les alimenter mais, au contraire, accueillir les blessures avec compassion envers vous-même et les femmes de votre lignée. Ainsi, vous pourrez poser un regard neuf sur ces schémas et saurez les pacifier, vous en défaire, vous en libérer, vous en émanciper et trouver votre place, inconditionnellement et véritablement.

« *Une femme qui se guérit guérit sa mère, sa fille et toutes les femmes de sa lignée.* »

C'est en empruntant la voie de la guérison que nous pourrons nous libérer des relations toxiques. Il ne s'agit pas d'un effondrement de soi, mais d'un processus d'accueil de son être tout entier, même s'il est amené à évoluer. Ainsi, nous reconstruisons des liens en acceptant notre responsabilité, nos enseignements et nos douleurs. En effet, chaque traumatisme, blessure ou croyance n'appartient qu'à vous. Et s'ils font écho à certains de vos schémas et que vous les ressentez dans vos énergies, c'est que cela représente pour vous un enseignement. Ce processus vous permettra d'en saisir le sens, et vous évitera d'avoir à porter vos mémoires tel un fardeau.

Quoi qu'il en soit, si nous le pouvons, nous devons nous montrer moins dures avec nos mères et nos ancêtres. Il le faut, afin de nous libérer des reproches que nous avons pu subir ou formuler, ainsi que de tout ce qui a pu être maladroit dans ces relations. Il est grand temps d'agir et d'ouvrir de nouveaux espaces de communication. Il est temps de comprendre que les femmes de notre lignée ont fait de leur mieux, avec leurs propres moyens, même si cela a pu nous échapper.

C'est dans un élan de sororité qu'il est nécessaire d'apprendre à accueillir sa mère et les femmes de sa lignée inconditionnellement, avec douceur, amour et compassion.

Dans ce processus, aucune femme n'est responsable de tous les fardeaux de sa lignée, aussi terribles soient-ils. Ceux-ci font partie de votre corps énergétique, qu'il est important de connaître pour saisir l'essence de ses blessures et en tirer des enseignements.

Ainsi, en nous libérant de nos schémas, nous pourrons alors disposer des traits de caractère, du soutien, des savoirs et des connaissances de nos ancêtres. Nous pourrons également recevoir leurs dons et déconstruire une relation toxique pour en reconstruire une autre, saine, afin que chacune puisse être à sa place et se sentir entière.

Lâcher ce à quoi vous vous accrochez depuis toujours, c'est choisir de ne plus vous faire déposséder de votre identité ni de votre lignée. Grâce à cela, vous pourrez accéder à un niveau de conscience supérieur, à de nouvelles expériences et énergies, et ainsi à une vibration plus haute et une fréquence plus élevée. Ces traumatismes, ces épreuves et ces douleurs transgénérationnelles ne vous définissent pas. Vous avez le droit de vous en libérer pour renaître et atteindre un nouveau cycle du féminin, de joie et de lumière.

De ce fait, pour celles dont la lignée est anonyme ou absente ou qui ne la connaissent tout simplement pas, pour différentes raisons, il est essentiel d'œuvrer en deux temps. Premièrement, il est nécessaire de créer un espace de pardon et de gratitude envers ceux qui vous ont mise au monde et deuxièmement, de travailler ensuite avec amour à la guérison de votre lignée ; celle que votre cœur a choisie et qu'il considère comme son clan.

naturellement lunaire

Le cycle menstruel dure environ vingt-huit jours. C'est le temps moyen nécessaire à la lune pour achever l'un de ses cycles, qui en compte vingt-neuf. Le cycle menstruel est donc synchronisé avec les cycles lunaires, et chaque femme est intimement connectée et influencée par les énergies de la Lune et par son caractère cyclique. En effet, lors de la nouvelle lune, vous entrez dans une phase de purification caractérisée par l'émergence de nouvelles intentions ; vous plongez dans votre intériorité. En revanche, lorsque la lune est pleine, vous rayonnez de toute votre puissance vers l'extérieur.

Ainsi, les femmes sont intimement liées au cycle lunaire et ses quatre phases : nouvelle lune, premier quartier, pleine lune, dernier quartier. C'est pourquoi, lorsqu'une femme est menstruée, nous pouvons dire qu'elle a ses « lunes ».

La lune est un astre féminin et mystérieux qui correspond à l'imaginaire et à l'inconscient. Une fois par mois, elle disparaît du ciel et devient invisible. Toutefois, apprendre à embrasser l'obscurité permet de réaliser qu'elle peut être une porte vers toutes les possibilités lumineuses d'intentions manifestées, qui s'épanouiront à nouveau à la pleine lune.

Il est donc essentiel pour les femmes d'observer et de suivre le cycle lunaire. En effet, de la pleine lune à la nouvelle lune, nous sommes en phase de lune décroissante et les énergies nous poussent alors à nous libérer du passé. Puis, de la nouvelle lune à la pleine lune, nous sommes en phase de lune croissante, qui permet de recevoir de nouvelles énergies. Tout comme la femme, la lune est indéfiniment cyclique ; naissance, mort, renaissance.

Chaque femme a son propre rythme et est influencée par les énergies lunaires. Il suffit de s'y intéresser pour voir avec quel cycle lunaire vous êtes actuellement alignée pendant vos saignements. Les lunes blanches et rouges sont les plus communes, quoique la lune blanche soit le cycle le plus courant avec lequel la femme se retrouve synchronisée. Mais une femme peut tout à fait être connectée à la lune rose ou violette, lors de périodes de transition. En effet, au cours de son existence, la femme sera amenée à vivre des périodes différentes, passant ainsi d'un cycle lunaire à un autre. Cela se traduit par des manifestations physiologiques, émotionnelles, intellectuelles et physiques. La femme est constamment plongée au cœur de nouvelles énergies et de nouveaux enseignements.

Les cycles lunaires sont des cycles d'expression énergétique féminine. Cela ne signifie pas qu'un cycle est plus puissant qu'un autre. Chacune de ces énergies vous guide et vous accompagne selon les moments de votre vie. Cependant, votre connexion à la Lune est un guide précieux pour mieux comprendre le sens des changements qui s'opèrent en vous et votre évolution.

FEMME LUNE BLANCHE

Le cycle de la lune blanche est le cycle lié à la nouvelle lune. Cela signifie que vos saignements ont lieu pendant ou autour de la nouvelle lune et que vous ovulez pendant ou autour de la pleine lune. Vous êtes donc une lune blanche.

La femme qui vit ces cycles menstruels pendant cette période est dans une phase considérée comme « maternelle ». Sa fertilité est synchronisée avec les cycles naturels. En effet, son ovulation a lieu au moment de la pleine lune, période la plus fertile sur terre.

La femme lune blanche attire naturellement son énergie vers l'intérieur. Elle prend soin de ses proches et de son clan.

FEMME LUNE ROUGE

Le cycle de la lune rouge est lié à la pleine lune. Si vous êtes une femme lune rouge, cela veut dire que vos saignements ont lieu pendant ou autour de la pleine lune et que vous ovulez pendant ou autour de la nouvelle lune.

La femme qui vit ses cycles menstruels pendant cette période est dans une phase puissante. Elle est alors considérée comme une femme de pouvoir ; une guérisseuse, une magicienne, une sorcière, une gardienne de la sagesse. Elle est également associée à la création, à l'art et aux affaires, chose considérée à l'époque comme une menace par la société patriarcale.

L'énergie de la femme lune rouge circule vers l'extérieur. Elle est dotée d'un lien profond avec son pouvoir féminin, notamment avec ses énergies physiques et sexuelles. Elle guérit et apporte son soutien à son cercle, sa communauté ; à l'autre et au monde. Intuitive, elle apporte et accompagne les femmes lune blanche menstruées, pendant qu'elle ovule elle-même.

FEMME LUNE ROSE

Le cycle de la lune rose est lié à la lune croissante. Si vous êtes une femme lune rose, cela veut dire que vos saignements ont lieu pendant ou autour de la lune croissante et que vous ovulez pendant ou autour de la lune décroissante.

La lune croissante est la lune qui se construit et s'illumine. Elle arrive après la nouvelle lune et dure jusqu'à la pleine lune.

La femme qui vit ses cycles menstruels pendant cette période est dans une phase de transition, de changements d'envies et d'introspection. L'obscurité dans laquelle elle se situe la guide vers la lumière et la force.

La femme lune rose est traversée d'une énergie de repos transitoire.

FEMME LUNE VIOLETTE

Le cycle de la lune violette est lié à la lune décroissante. Si vous êtes une femme lune violette, cela veut dire que vos saignements ont lieu pendant ou autour de la lune décroissante et que vous ovulez pendant ou autour de la lune croissante.

La lune décroissante est la lune qui retire et s'assombrit, elle se produit après la pleine lune vers la nouvelle lune.

La femme qui vit ses cycles menstruels pendant cette période est, tout comme la femme lune rose, dans une phase de transition et de changements d'envies, à la différence près qu'elle dirige sa force et sa lumière vers son intériorité et l'obscurité, afin d'effectuer une introspection.

Depuis la nuit des temps, les cycles de la lune agissent sur l'eau, la terre, jouent un rôle de repère et permettent de s'ancrer dans sa féminité. Grâce à eux, chaque femme dont le cycle menstruel n'est plus marqué par des saignements (qu'elle soit non menstruée, ménopausée, ou que cela soit dû à une chirurgie ou à toute autre raison indépendante de sa volonté) peut s'accompagner, se réapproprier son corps et s'éveiller, elle aussi, à sa cyclicité.

Elle se connectera naturellement au rythme de l'astre féminin : la Lune. Celle-ci est le symbole même de l'essence féminine. Le cas échéant, le premier jour de la nouvelle lune correspondra au premier jour de son cycle. En se calant sur celui-ci, la femme plonge au cœur de ses propres nuances, de ses sensations, ses sentiments, son esprit et ses énergies. Elle pourra de même prendre conscience de son propre rythme, à l'aide de son diagramme lunaire. (Vous pouvez le retrouver dans la section « Œuvrer avec soi, ses cycles et le recueil », en début d'ouvrage.)

DEUXIÈME PARTIE

Initiations

Il y a des passages dans la vie durant lesquels nous nous sentons plongées dans différentes intensités émotionnelles. Que ce soit le chagrin, le deuil ou toute autre forme de souffrance et de difficulté, ces expériences marquent une transition dans notre vie, celle de l'évolution, parfois effrayante, de soi-même vers un autre soi plus ouvert ; de l'ombre à la lumière.

Tout comme ce qu'il se passe à chaque période de sa vie, la femme est traversée par différentes énergies tout au long de son cycle menstruel. Comme nous l'avons vu plus tôt, ses saignements consistent à laisser l'ancien cycle se terminer afin d'accueillir la naissance d'un nouveau. Ensemble, ces phases marquent des transitions de vie qui nous permettent de passer de l'ombre à la lumière en passant par différentes nuances émotionnelles.

La deuxième partie est consacrée à l'exploration de chaque phase du cycle menstruel et de tous les changements qui s'opèrent conséquemment en vous, qu'il s'agisse de fluctuations émotionnelles, hormonales ou énergétiques. Cette partie sera l'occasion de renouer avec votre féminin, votre corps, ses cycles et ses phases. Elle vous permettra d'identifier et d'accueillir vos émotions ainsi que de vous initier en conscience pour apprivoiser vos ambivalences. Ainsi, vous alignerez vos aspirations avec vos besoins et vos vibrations, et vous vous ouvrirez avec sincérité à votre propre vérité, de manière à créer un lien avec votre cyclicité.

Vous trouverez, à chaque début de phase, un recueil de mots « accompagnants » qui seront à eux seuls une aide précieuse. Vous pourrez vous appuyer dessus pour mieux vous comprendre et vous situer dans votre état d'être.

Les pratiques et rituels, quant à eux, vous permettront d'apprivoiser votre merveilleuse complexité. Ils vous aideront à vous sentir soutenue dans l'expérimentation de votre cyclicité, à mieux vous comprendre et à vous accompagner à votre propre rythme ; ceci, afin de sentir et ressentir les variations énergétique de votre cycle féminin, mais aussi de vivre, enfin, en harmonie avec vous-même, vos aspirations et vos vibrations. De cette façon, vous pourrez vous libérer et vous connecter à la Lune et à la Terre pour élever vos énergies féminines et sacrées.

Cependant, avant de vous lancer, veillez à bien prendre le temps de lire les particularités des énergies des phases concernées pour vous situer et à lire le rituel dans son entièreté. Entre chacun d'eux, prenez le temps d'intégrer ce que vous avez vécu. Puis, laissez votre intuition vous guider.

travailler avec les intentions

Accueillez chaque phase avec une intention particulière. Celle-ci sera propre aux énergies de la phase traversée. Vous pouvez également, si vous en ressentez le besoin, vous approprier l'intention suggérée en la modifiant ou y préférer votre propre intention, afin de l'adapter à votre besoin et faciliter votre processus.

Formuler cette intention de manière claire, par exemple en la verbalisant, donnera une indication précise à votre être.

Cette intention servira également à vous accompagner, vous guider et vous soutenir durant la phase que vous traversez. Elle peut être portée par un souhait, un rituel quotidien ou de manière indépendante ; elle peut par exemple faire office d'ouverture et de clôture d'une pratique ou d'un rituel.

Laissez-vous explorer cette intention au travers de vos propres vibrations et n'hésitez pas à la répéter inlassablement jusqu'à vous l'approprier pleinement, que ce soit intérieurement, à voix haute, par des sons, fredonnements ou par le chant. Laissez-vous guider par le rythme qui vous convient.

Vous pouvez également vous laisser porter par un rythme qui vous appelle, comme celui d'un tambour, d'un bol tibétain, d'une kalimba[2] ou même de percussions. Puis, laissez émerger votre intention jusqu'à ce qu'elle résonne et prenne naturellement une place en vous. Faites-le aussi longtemps que vous le souhaitez.

---

2. Instrument originaire d'Afrique Subsaharienne et appartenant à la famille des idiophones, la kalimba se composait originellement de lamelles de bambou aujourd'hui remplacées par des lamelles en métal.

Laissez ensuite celle-ci se diffuser en vous en vous octroyant un moment de silence. Répétez l'opération aussi souvent que vous le souhaitez.

En amont, je vous invite de même à définir une intention pour chaque pratique et rituel du recueil. Par exemple, celle de vous connecter à votre utérus, de vous connecter à vos ancêtres, ou encore de libérer ou d'accueillir une émotion. C'est la même chose lorsque vous vous essayez à la pratique par le mouvement, notamment. Réfléchissez à ce qui vous plaît, pour créer une connexion entre votre corps, votre esprit et votre âme, et donner une direction ainsi qu'une impulsion à la pratique ou au rituel que vous entreprenez. Prenez également le temps de sentir si votre corps est prêt à entrer en connexion avec le rite avant de l'explorer et d'y plonger.

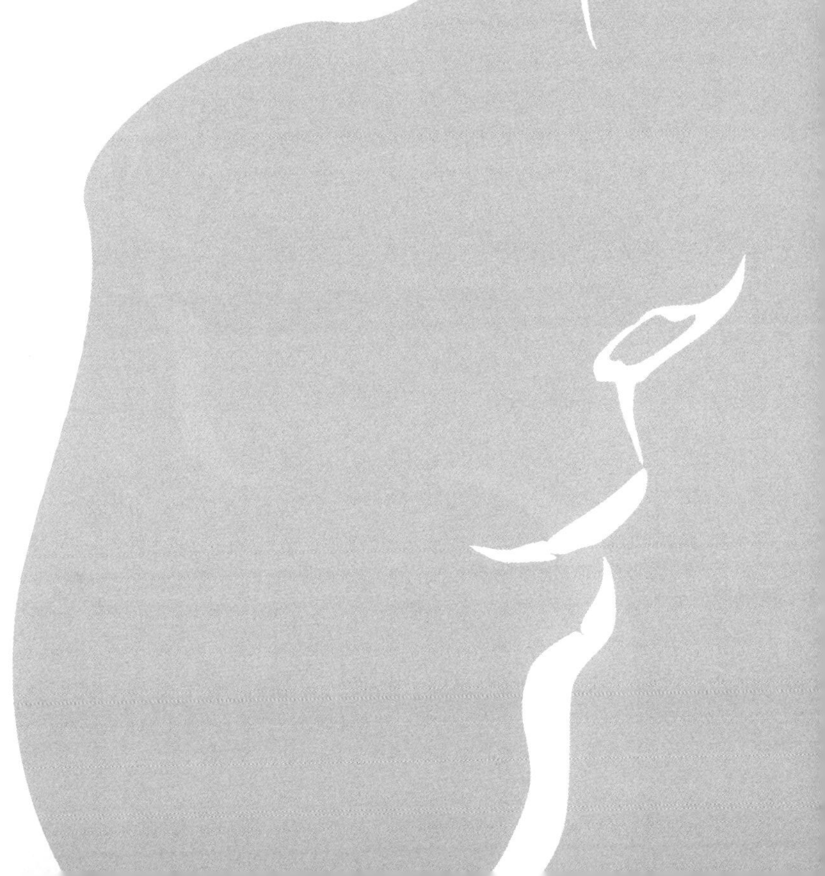

travailler avec le mouvement

Quelles que soient vos racines, vos origines ou les empreintes de votre descendance, le mouvement est inscrit depuis toujours dans vos mémoires corporelle et cellulaire.

Le mouvement est une reconnexion à ce qui demande à s'exprimer, se vivre, se revivre et se libérer à travers votre corps. La danse, par exemple, s'invite partout et depuis toujours. Elle permet de célébrer la nature, la vie, les fêtes, les guerres, les rites de passage...

Que ce soit dans la nature ou à l'intérieur de notre corps, tout est en mouvement. Le mouvement est cyclique, il a un début et une fin. Ceux-ci sont symbolisés par la naissance, la mort et la renaissance perpétuelles. On retrouve cela dans les phases, les cycles, les périodes de la vie et tout ce qui vit en nous et autour de nous.

Il arrive que nous créions, consciemment ou inconsciemment, des résistances qui engendrent des blocages émotionnels et énergétiques. Le but du mouvement est justement de passer de la résistance à la résilience et d'accueillir ces maux en laissant circuler la vie dans toutes les cellules de notre corps. C'est en explorant le mouvement que nous permettons le changement, la transformation, la libération et la guérison.

Au fil des phases, nous expérimentons différentes perceptions par le mouvement du corps. Cela découle du fait que le corps porte en lui les émotions et les blessures de l'inconscient, et tout ce qui a pu être refoulé dans celui-ci et qui ne demande qu'à circuler et s'exprimer librement.

Le corps est le prolongement de l'esprit, qui a son propre langage. Ils sont tous deux indissociables.

Le mouvement est une invitation à se connecter aux phases traversées durant son cycle et à les accompagner et les célébrer, ainsi qu'à revenir à la source de chacune d'elles. Chaque mouvement sera l'occasion d'écouter votre être, de permettre à l'émotion d'émerger, de s'exprimer, de se fluidifier et de se libérer grâce aux énergies des phases.

Dans chacune des phases, laissez votre corps évoluer intuitivement. Laissez-vous porter par de nouvelles intentions et dans de nouvelles dimensions. Laissez-vous aller à votre ressenti, qu'importe ses formes ou ses nuances. Mettez votre corps en mouvement dans l'instant présent, au rythme qui lui convient, et permettez-lui de rencontrer ce qui se vit en vous et ne demande qu'à être harmonisé avec lui.

Il se peut que, les premières fois, peut-être par pudeur, vous n'entriez pas pleinement dans la danse. Mais, au fur et à mesure, phase après phase, vous apprivoiserez ce langage du corps et pourrez ainsi faire émerger l'essence même de vos énergies infinies. Ouvrez-vous au mouvement. Ne soyez pas exigeante envers vous-même et ne recherchez pas non plus à tout prix la beauté du geste. Soyez simplement consciente de ce que vous faites.

Le mouvement vous conduira alors à créer une connexion entre votre corps et votre esprit, en respectant votre rythme pour ouvrir de nouvelles portes en vous.

Il n'y a pas de durée à respecter. Donnez à chacune de ces expériences le temps d'exister ; autant de temps nécessaire à votre corps pour s'exprimer. Appliquez-vous à ne faire plus qu'un avec vos sensations, à écouter chacune de vos perceptions et de vos émotions. Puis, naturellement, votre corps vous incitera à ralentir, à retrouver votre immobilité, à accueillir ce qui est.

Dansez en rythme avec vous-même, les phases et avec les cycles de la vie.

travailler avec la méditation

Méditer, c'est prendre un moment pour se rencontrer. Ce n'est pas simplement un moment pour observer. C'est un temps pour écouter, entendre et partager un moment avec soi. Méditer est important pour écouter ce qui est et se vit en vous, présentement, sans l'occulter. C'est vivre une expérience, un évènement avec sensibilité, vulnérabilité et bienveillance. La méditation demande d'être pleinement consciente des choses telles qu'elles se présentent à nous, à s'y montrer attentive et à les accueillir en nous. Ainsi, si vos pensées s'agitent et dévient votre attention de votre ressenti, il est crucial d'en prendre conscience et de vous recentrer sur ce qu'il se passe « ici et maintenant », en se focalisant sur vos sensations, votre respiration ou vos gestes.

Au fil des méditations, il est essentiel que vous trouviez vos propres rituels. Peut-être aurez-vous envie de rester au calme ou, au contraire, de mettre une musique de fond. Peut-être souhaiterez-vous allumer une bougie ou de l'encens. Dans tous les cas, il est important de prendre votre temps et de choisir un lieu dans lequel vous vous sentez bien et où vous ne serez pas dérangée. Installez-vous dans une position confortable, avec le dos droit. Vous pouvez baisser les yeux ou les garder clos. Prenez le temps de suivre le trajet de votre souffle, de ressentir votre corps et d'accepter ce qui se manifeste, avant de plonger dans le cœur de l'exercice.

Lisez attentivement la méditation proposée pour chacune des phases. Laissez-la faire son bout de chemin dans votre esprit et n'hésitez pas à vous l'approprier pour l'adapter à vos besoins. Vous pouvez également l'enregistrer, à l'instar d'un guide audio.

Dans ce recueil, la méditation guidée permet de faire le point sur soi en respectant les énergies et les émotions qui se vivent et évoluent selon les phases de votre cycle. C'est une manière de se reconnecter à son moi profond grâce à une intention d'ouverture et de guérison particulière. Si aucune intention précise ne vous vient, méditez simplement sur votre état du moment, pendant cinq ou dix minutes. Cela devrait suffire à comprendre vos besoins et à vous accompagner sur votre propre voie.

Avant de passer à la pratique ou durant celle-ci, vous pouvez, si vous le souhaitez, tirer une carte oracle. Gardez à l'esprit que ce tirage n'a pas de valeur prédictive, prémonitoire ou divinatoire. Il permettra simplement d'ouvrir la voie à un questionnement ou d'apporter un éclairage sur un ressenti ou un questionnement particulier. Les cartes sont, en effet, un merveilleux outil d'aide au développement personnel et de connaissance de soi.

travailler avec les rituels

Le rituel est une cérémonie emplie de symboles que les femmes utilisent depuis des temps immémoriaux. Jadis, les rituels étaient faits pour honorer la Terre ou la nature, et pour accompagner les cycles et les passages de la vie.

Le terme de « rituel » se réfère, dans ce recueil, à une dimension profonde ; celle d'une reconnexion à soi et à l'essence propre aux différentes phases du cycle. Son caractère initiatique répond à un appel qui vient de l'intérieur de soi. Il part d'une intention, venant ponctuer l'énergie du moment pour permettre de la célébrer concrètement. Il permet, par exemple, de se débarrasser des anciennes énergies et d'en recevoir de nouvelles.

Chacun des rituels qui vous seront présentés est un moment singulier où le temps est suspendu. Ils sont pensés pour toutes les femmes qui commencent à s'initier à la voie du féminin et pour toutes celles qui seraient plus expérimentées. Ils sont transmis de manière à accéder consciemment à une dimension profonde, afin de passer de l'énergie d'une phase à une autre. Au travers de chaque phase, la femme sera invitée à définir une intention claire pour se libérer, se transformer et revenir à son essence.

Les rituels deviennent encore plus puissants lorsqu'ils sont réalisés au sein d'un clan. Je vous invite donc à les pratiquer par vous-même et pour vous-même, mais aussi à partager ceux-ci avec des femmes chères à votre âme. Il peut s'agir de femmes de votre lignée, d'amies ou de sœurs de cercle[3]. Auquel cas, déterminez ensemble une date et un lieu pour pratiquer ce rituel. La nouvelle et la pleine lune sont des moments idéals pour ce faire, ainsi que pour se rassembler et échanger.

---

3. Les femmes qui rejoignent un cercle de femmes définissent ainsi les autres membres du cercle.

travailler avec un soutien ; Fleurs de Bach®, huiles essentielles et pierres

Les élixirs de Fleurs de Bach®, les huiles essentielles et les pierres sont des aides précieuses pour soutenir l'état émotionnel inhérent à chacune des phases. Elles vous aideront à mieux gérer vos somatisations, vos sautes d'humeur et tous les déséquilibres qui y sont liés. Ainsi, elles accompagneront en douceur les énergies et les émotions fluctuantes de chacune des phases, afin de vous soulager.

Pour les élixirs de Fleurs de Bach®, il vous suffira de choisir ceux qui semblent vous appeler. Cela peut varier d'un cycle à l'autre. Il vous suffira de mettre environ sept gouttes dans votre gourde habituelle ou dans une bouteille d'eau et d'en boire le contenu chaque jour. Vous serez amenée à boire dès que vous en ressentirez le besoin. Cette eau vous accompagnera à chaque instant, tout au long de vos cycles et au travers des énergies de vos différentes phases, selon vos besoins.

Il en va de même pour les huiles essentielles. Utilisez-en une seule par phase. Trouvez celle qui, par ses énergies, peut-être son nom ou son odeur, vous appelle. Cela peut changer selon les cycles, vos envies et vos besoins. Songez à la manière dont vous allez vous laisser guider par les vibrations que les huiles émettent. Celles-ci pourront être inhalées directement à même le flacon ou être déposées sur vos poignets. Deux gouttes suffiront. Elles peuvent marquer le début et la fin de vos pratiques et rituels, ou vous accompagner de toute autre manière qui vous conviendrait. (Veillez toutefois à vous renseigner sur les précautions d'usage, en particulier si vous êtes enceinte !)

Les pierres sont un trésor donné par la Terre. La lithothérapie, qui les utilise, est une méthode d'accompagnement et de soin par les pierres. Il en existe beaucoup, chacune ayant des propriétés différentes. Cependant, pour accompagner votre cycle féminin, les plus fréquemment utilisées sont la pierre de lune et le jade, qui peuvent être employés sur l'ensemble du cycle. Ces deux pierres vous accompagneront tout au long de celui-ci pour travailler sur vos blocages et sur votre cicatrisation émotionnelle. Elles vous conféreront un équilibre et vous permettront d'être en harmonie avec vous-même sur la voie du féminin. Il existe des pierres plus « centrales », qui émettent des vibrations et des résonances qui peuvent vous soutenir émotionnellement au cœur de chacune des phases. Vous pourrez profiter de leurs vertus grâce aux pierres en elles-mêmes, lors de vos pratiques et rituels, en les gardant proches de vous, mais également les porter en bijoux. (Pensez à vous renseigner au préalable : selon les pierres, il vous faudra peut-être les purifier à l'eau ou bien les recharger au soleil ou sous la lune.)

Laissez-vous naturellement guider par votre intuition lorsque vous passez d'une énergie à une autre ou d'une phase à une autre. Vous saurez alors si vous devez être accompagnée d'une Fleur de Bach®, d'une huile essentielle ou d'une pierre, ou d'autres alliées selon vos envies et vos besoins.

Il n'est pas impératif d'être accompagnée par l'une ou l'autre à chaque cycle ou durant chaque phase. L'important est de se laisser guider par ses besoins et ses ressentis profonds. De même que pour ce qui est du choix de vos outils, votre corps sait exactement ce dont vous avez besoin. Vous serez instinctivement attirée ou non par cette démarche, dont la mise en pratique vous appartient et dont vous êtes seule responsable.

travailler à l'écoute de votre propre rythme

Les initiations et rituels que vous trouverez dans cette partie, mais également dans l'ensemble du recueil, vous appartiennent. Chaque femme est unique et son cycle lui est propre. Il se peut que vous ressentiez les énergies et les nuances décrites pour chaque phase silencieusement ou, au contraire, plus intensément. En effet, l'intensité énergétique, hormonale et émotionnelle varie d'une femme à l'autre, d'un cycle à un autre, mais également d'une période de la vie à une autre.

Si toutefois vous ne vous retrouvez pas dans les énergies des différentes phases ou si vous rencontrez d'importantes variations émotionnelles, des troubles et des symptômes (anxiété, insomnie, règles irrégulières, aménorrhés ou douloureuses, baisse de libido, troubles alimentaires, constipation ou diarrhé...), il sera peut-être intéressant d'explorer plus profondément votre cycle féminin. Ces observations vous permettront de réaliser un accompagnement au plus proche de vos besoins, que vous subissiez un éventuel déséquilibre des hormones, de vos systèmes d'élimination, digestif ou nerveux, de vos glandes surrénales ou encore, en cas de nécessité de gérer votre stress. Ainsi, vous retrouverez une harmonie de votre corps, cycle et esprit.

De la même façon, des mots, pratiques et rituels attireront peut-être davantage votre attention que d'autres. Sentez-vous libre de suivre vos besoins et votre intuition. Ainsi, il se peut que vous vous sentiez attirée par un rituel particulier lors d'une phase précise. Laissez-vous guider par votre intuition. Certaines auront besoin de temps pour se comprendre, et d'autres d'un temps de repos nourricier pour accéder à un nouveau niveau d'initiation. Il n'y a pas de vérité universelle. Apprivoisez-vous consciemment et avec bienveillance.

Pour accompagner chacune de vos phases, au rythme de vos cycles, je vous invite à vous connecter à vous-même. Vous pouvez le faire à l'aide de votre diagramme menstruel. Il vous permettra de prendre conscience du processus naturel et progressif que vous vivez, dans son ensemble. Ce faisant, vous accueillerez votre énergie, vos ressentis, vos comportements, votre sexualité, mais prêterez aussi plus attention à vos envies et vos besoins. Vous atteindrez dès lors une perception plus fine de vous-même, décrypterez vos nuances et accompagnerez les changements qui s'opèrent en vous. Ces derniers peuvent se traduire et se vivre tantôt progressivement, tantôt silencieusement selon les phases.

Quant aux femmes dont le cycle est silencieux ou n'est plus, je vous invite à vous laisser guider par l'astre féminin. Le premier jour de la nouvelle lune marquera le premier jour de votre cycle. Cette idée en tête, vous pourrez observer, accueillir et ressentir tout ce qui opère en vous d'une phase à l'autre pour écouter les choses que votre corps a à vous dire.

PREMIÈRE PHASE

phase menstruelle

RECUEIL DE MOTS ACCOMPAGNANTS

Phase du cycle : phase menstruelle/phase de saignement

Archétype : femme sage/sorcière

Phase lunaire : lune noire/nouvelle lune

Saison : hiver

Élément : terre

Fleurs de Bach® : olive, chèvrefeuille, violette d'eau

Huiles essentielles : bois de rose, camomille romaine, amyris

Pierres : pierre de lune, jade, quartz rose, quartz fraise, hématite

Outils : sable, sel, galets, fleurs, pierre

Énergies dominantes : introspection, intériorité, retrait, solitude, profondeur, sensibilité, intuition, imagination, spiritualité, réflexion, obscurité, pénombre, sagesse, rêves, renouveau, repos, paix, paix intérieure, silence, calme, lenteur, recueillement, pardon, lassitude, connexion à plus grand que soi.

DANS LE CORPS

La phase « menstruelle » correspond au commencement du cycle menstruel et dure en moyenne entre deux à sept jours. Le saignement, appelé « flux menstruel », est causé par une chute hormonale qui permet l'élimination de la couche superficielle de l'endomètre. Celle-ci se désintègre et entraîne l'écoulement du sang. Cette phase de menstruation commence le premier jour où vous commencez à saigner. C'est la phase durant laquelle le corps relâche ce dont il lui faut se débarrasser, et où l'utérus se renouvelle pour laisser place à un nouveau cycle.

ÉNERGIES DE LA FEMME

Cette phase invite la femme à vivre une transition et des manifestations physiques et émotionnelles aussi intenses que douloureuses. Cependant, la modification hormonale ne se limite pas à cela ; elle a aussi ses secrets. Elle permet notamment d'accueillir de nouvelles perspectives fascinantes.

C'est la phase idéale pour se connecter à son intuition. C'est le moment de procéder à une introspection et de descendre dans les profondeurs de son être pour laisser couler le flux de son cycle et de ses émotions. Il n'y a plus d'énergie disponible pour l'extérieur.

C'est dans cette intériorité que la femme explore et identifie tout ce qu'elle souhaite créer, emporter ou voir se libérer pour commencer son nouveau cycle. Chaque mois, ces énergies donnent la vie comme la mort. La phase menstruelle permet à chaque femme de tisser ses saisons de vie. C'est le moment idéal pour honorer son être, son corps, son esprit et entamer sa guérison.

Cette phase est une phase emplie de sagesse pour chaque femme qui vient d'achever un cycle. En somme, il s'agit d'un moment d'introspection durant lequel chaque femme prend la mesure de tout ce qu'elle a pu apprendre et expérimenter durant son cycle. Elle prend conscience de ce qui lui a servi jusqu'ici, de ce qu'elle va remercier et de tout ce dont elle souhaite se libérer pour le rendre à la Terre, parce qu'elle n'en a plus besoin.

C'est une phase qui permet de descendre dans son moi profond pour accéder à ses blessures et en saisir la nature. Pendant les règles, il est donc préférable de se montrer disponible pour son intériorité, afin de prendre le temps de faire mourir l'ancien et de se libérer de tout ce qui n'a pas pu donner la vie, avant de renaître et de vous tourner vers de nouvelles intentions, de nouveaux rêves et de commencer votre transformation dès la fin de vos saignements.

C'est aussi la phase du féminin profond, qui permet de se sentir pleinement reliée aux forces de la Terre et de la Lune et d'être en phase avec son rythme naturel. Cette reconnexion offre des réponses qui naissent à l'intérieur de nous, à l'instar d'un pouvoir d'autoguérison. C'est une phase durant laquelle la femme accède à sa propre sagesse.

C'est enfin une phase permettant d'accéder davantage à sa sexualité, et empreinte d'un puissant sentiment amoureux. C'est le cycle durant lequel la femme ressent le besoin de s'unir à son ou sa partenaire (si elle en a un ou une), corps et âme, dans une dimension plus spirituelle.

Même s'il s'agit d'une phase qui élimine, nettoie et guérit les émotions et les énergies traversées lors du cycle passé, pour les femmes en désir de maternité, l'arrivée des saignements peut être un moment douloureux. Dans ce cas, ayez confiance en votre corps et votre féminin. Si cela arrive, c'est que cet ovule n'était visiblement pas prêt à donner la vie. Pour toutes les femmes, la période de saignement marque la fin d'un cycle et le renouveau. Entamez le prochain cycle avec confiance.

ÉNERGIE DE LA NOUVELLE LUNE

Tout comme la phase de la nouvelle lune, la phase de saignement marque le début d'un cycle. À ce moment, la lune est sombre et n'apparaît plus dans le ciel. Voilà pourquoi on l'appelle aussi « lune noire ». À l'instar de la lune, la femme se retire du monde pour effectuer sa transition entre le cycle qui se termine et le suivant. À l'époque, pendant leurs menstrues, si elles avaient lieu durant la nouvelle lune, certaines femmes se séparaient des hommes pour se rassembler dans des « tentes menstruelles », afin de célébrer ce renouveau et d'entrer en communication avec des mondes intangibles, en lien avec la Terre, mais aussi leur « temple sacré », c'est-à-dire leur utérus. C'est également le moment de prendre un nouveau départ, car l'énergie ressentie alors ne fera qu'augmenter jusqu'à la pleine lune, phase d'ovulation. C'est le moment idéal pour clarifier ses intentions et formuler des vœux.

ÉNERGIE DE LA SAISON HIVERNALE

À l'image de la femme durant la phase de ses menstrues, l'hiver représente la fin et le début de toute chose, l'avant et l'après. La sève se retire de la terre et l'énergie se renouvelle. L'élément de la Terre accueille la femme à l'intérieur de son espace sacré pour lui permettre de se reconnecter à son moi profond. Pendant ses règles, elle ressent un profond besoin de solitude et de retrait. Tout comme l'hiver, la phase menstruelle est synonyme de mort et de repos avant la période de naissance et de renaissance, comme celle que l'on observe au printemps. C'est une phase de profonde introspection, d'observation et de contemplation. Pour la femme, alors, tout s'immobilise. Elle a besoin de calme et de solitude pour accueillir la vie à l'intérieur d'elle-même. Cette phase initie une transition de la terre jusqu'à la lumière. Et, c'est au faîte de sa vulnérabilité que la femme se relie naturellement à l'univers. Elle se connecte à sa source personnelle, plonge dans les méandres de ses peurs et explore son monde intérieur ainsi que ses blessures. Elle se prépare à s'ouvrir à la lumière du printemps prochain. Durant cette saison, l'énergie n'est plus disponible pour l'extérieur et vous invite à retourner dans vos profondeurs intérieures pour vous relier à votre espace sacré. Vous devez être consciente de votre âme, qui vous appellera à elle comme lorsque vous ressentez le besoin de vous blottir au coin du feu avec douceur.

INTENTION

« J'habite mon corps et honore mon sang,
Je me reconnecte à mes profondeurs
et libère ce qui doit mourir,
Je m'ouvre à ma guérison et accueille ma lumière,
Je me relie à l'univers, et enfin, je m'éveille. »

RESPIRATION

L'utérus est le centre spirituel le plus profond de la femme. Il permet une immense connexion à la féminité sacrée qui sommeille en nous, là où résident le pouvoir du féminin et notre identité.

À chaque cycle, sentez comme votre utérus se libère pendant cette phase de saignement. Accordez-vous un moment pour ressentir les sensations produites par l'écoulement de votre sang.

La respiration de l'utérus permet de remettre du mouvement et de la circulation dans votre corps en vous connectant à vos profondeurs. Elle permet d'explorer vos blessures, de dénouer les nœuds qui ont pu se créer en vous et de libérer ce qui n'est plus.

Vous pouvez vous entourer d'un châle, si vous en possédez un, ou d'une couverture dans les tons rouges, avant de vous laisser aller à cette respiration.

Installez-vous dans une position confortable, les yeux clos, dans un environnement silencieux et idéal pour vous offrir un moment en tête-à-tête avec vous-même et qui vous inspire un profond et agréable sentiment de repli sur vous.

Placez vos mains au niveau de votre utérus, afin de focaliser votre attention sur les mouvements respiratoires qui s'effectuent au niveau de cette zone intime. Imaginez sa forme, ses courbes et ses creux qui, naturellement, ont augmenté, car ils nécessitent davantage d'espace durant cette phase de saignement.

Puis, sur une respiration ample, calme et régulière, connectez-vous à l'écoulement de votre sang sacré, depuis sa source.

Sur chaque inspiration, contractez tendrement votre périnée et visualisez l'inspiration de votre utérus au plus profond de vous, en ayant l'intention d'accueillir les blessures, messages et émotions qui désirent remonter à la surface.

Et, sur chaque expiration, relâchez consciemment et délicatement votre utérus. Laissez s'écouler votre sang avec l'intention de vous débarrasser des blessures du cycle passé, de les libérer et de les guérir.

Continuez autant de temps que vous le désirez.

MOUVEMENTS

Lors de cette phase, vous vous sentez naturellement plongée dans votre intériorité et reliée au sol et à la Terre. Il doit en être de même pour vos mouvements, qu'il vous faut exécuter avec l'intention de descendre à l'intérieur de vous-même et d'être plus particulièrement à l'écoute de votre bas-ventre, de votre bassin et de votre petit bassin ; en somme, de l'ensemble de votre sphère gynécologique.

Restez immobile pendant quelques minutes et connectez-vous à la Terre par vos « racines », c'est-à-dire la plante de vos pieds, en contact avec le sol. Sur chaque expiration, sentez davantage le poids de votre corps s'ancrer profondément dans la Terre, jusqu'à son centre.

Puis, reliez-vous aux pulsations de la Terre. Laissez remonter l'énergie tellurique en vous. Laissez ses énergies investir vos pieds, remonter par vos jambes jusqu'à votre bas-ventre, votre bassin, et plus particulièrement votre sphère sacrée. Cette énergie s'invitera alors dans votre vulve et remontera le long de votre vagin jusqu'à l'intérieur de votre utérus. Habitez pleinement cet espace sacré, qui a lui-même son propre rythme. Faites confiance à votre corps.

Pliez légèrement les genoux et laissez progressivement votre bas-ventre se mettre en mouvement, d'avant en arrière, d'un côté puis de l'autre, par des cercles, des ondulations et des vibrations. Trouvez des va-et-vient qui lui appartiennent. Invitez-vous à explorer vos profondeurs, à dénouer les nœuds de cet espace sacré de manière à accompagner vos émotions, vos toxines et l'écoulement de votre sang.

Laissez vos mouvements s'accorder à votre respiration profonde. Laissez danser et vibrer votre bassin en accompagnant l'écoulement du sang sacré.

Enfin, lorsque le besoin s'en fera sentir, laissez-vous redevenir immobile. Sentez comme les énergies, les mouvements de votre corps s'apaisent et retrouvez votre souffle habituel, vos racines, puis reconnectez-vous aux pulsations de la Terre.

Restez intimement connectée à la Terre-Mère, autant de temps que nécessaire. Remerciez-la d'avoir accueilli ce mouvement de libération et soutenu votre guérison.

MÉDITATION

Cette phase consiste à vous plonger naturellement dans votre intériorité. Elle vous invite, avec sagesse et sensibilité, à transiter entre la fin d'un cycle et le début d'un autre.

Effectuez cette méditation dans une pièce un peu sombre, pour vous y installer seule, en tête-à-tête avec vous-même. Sur chaque expiration, calme et prolongée, laissez votre corps s'installer comme il en a envie, comme il en a besoin.

Les yeux clos, sur chaque inspiration, laissez votre corps s'emplir de votre présence, et sur chaque expiration, focalisez-vous sur votre centre sacré : votre utérus. Répétez l'opération sur quelques cycles respiratoires.

Lorsque vous vous sentez pleinement connectée à votre être tout entier, plongez dans vos profondeurs sacrées. Portez toute votre attention sur votre utérus, afin d'en prendre totalement conscience. Connectez-vous à vos mémoires ancestrales, mais également à vos émotions. Laissez-vous accéder aux énergies contenues dans ce lieu et accueillez-les, comme vos blessures, quelles qu'elles soient, vos croyances et vos émotions, dans toutes leurs formes et leurs dimensions. Faites de même avec vos empreintes, qu'il s'agisse de celles vécues lors du cycle passé comme de celles de l'instant présent. Puis, laissez les sensations exister et évoluer progressivement au sein de ce lieu. Prenez bien votre temps pour laisser remonter à la surface tout ce dont vous souhaitez vous débarrasser, vous libérer et tout ce qui doit mourir. Cela est essentiel pour que vous puissiez en saisir l'essence et éliminer tout ce qui ne vous appartient plus.

Abandonnez-vous ensuite en toute confiance pour laisser consciemment mourir l'ancien. Indiquez à votre utérus ce que vous aimeriez laisser couler, ce que vous souhaiteriez nettoyer et libérer. Sur chaque expiration, accompagnez votre sang. Laissez vos émotions, vos doutes, vos contrariétés, mais également vos blessures, schémas et toute prise de conscience s'en aller sur la voie de la libération, et ce, aussi longtemps que vous en ressentez le besoin.

Lorsque vous sentez davantage d'espace dans votre utérus, prenez conscience de tout ce que vous souhaitez voir naître dès la fin de vos saignements. Il peut s'agir de vos intentions, vos rêves ou vos désirs ; tout ce que vous voulez emporter dans votre nouveau cycle. Et, par de profondes respirations, calmes et harmonieuses, faites circuler ceux-ci dans tout votre être, autant de temps que nécessaire.

Enfin, gardez les yeux clos encore quelques minutes, voire plus, si vous le souhaitez, et reposez-vous pour laisser votre corps se régénérer et se renouveler. Apportez-lui le repos dont il a besoin.

RITUEL

Cette phase de menstruation permet également de vous relier et de rendre hommage à la Terre-Mère, source de fertilisation.

La Terre représente l'ancrage, la stabilité et l'alignement. Il est donc essentiel pour ce rituel de trouver un lieu en pleine nature. Veillez à vous installer à l'abri des regards, que ce soit dans une forêt ou dans un lieu exempt de toute présence humaine.

Prenez en compte que toute forme de vie possède son aura, son énergie et ses vibrations. Gardez l'esprit ouvert pour vous laisser guider vers un lieu dans lequel vous vous sentirez en totale harmonie avec un profond sentiment de sécurité. Le lieu vous choisira. Il deviendra votre lieu d'accueil pour ce rituel.

Lorsque vous aurez trouvé votre lieu sacré, prenez un moment pour contempler, ressentir et accueillir les énergies qui y circulent. Demandez la permission de vous y installer comme vous le souhaitez.

Nue sous une jupe ou une robe, les talons contre le sol, accroupissez-vous. Dans cette posture, allongez votre souffle pendant quelques instants et sentez comme l'énergie tellurique se connecte à la vôtre pour vous soutenir. Sur chaque expiration, visualisez des racines partir de votre utérus et s'enraciner de plus en plus profondément jusqu'au centre de la Terre-Mère.

Sentez comme cette connexion est profonde, comme les battements de la Terre-Mère qui vous pénètrent vous accueillent également et comme votre cœur bat à l'unisson avec elle. Calmez votre respiration, et laissez une énergie douce et apaisante vous envahir.

Respirez profondément jusqu'à laisser se former naturellement sur le sol une marque de votre sang. Faites-le avec l'intention d'y injecter vos blessures. Rendez à la Terre tout ce qui ne vous appartient plus. Ainsi, la Terre-Mère, en plus de vous soutenir et de vous accompagner, va accueillir, absorber et transformer ce qui n'est plus et s'en retrouver fertilisée.

Lorsque vous le souhaitez, revenez à vous-même, puis rouvrez les yeux et regardez le lieu. Remerciez-le. Déposez une offrande, telle qu'une fleur, un galet ou tout autre symbole pour remercier la Terre-Mère de vous protéger et de participer à votre processus de transformation et de guérison.

Si vous ne ressentez pas encore le désir de réaliser ce rituel à même le sol, vous pouvez recueillir directement votre sang avec vos mains ou dans un récipient et le répandre autour de vous pour le rendre à la Terre. Dans ce cas, versez-le au pied d'un arbre ou dans un lieu en pleine nature qui vous plaît. Si vous n'êtes pas ou plus menstruée, ou si cela vous parle davantage, visualisez un fil rouge imaginaire s'enraciner jusqu'au centre de la Terre et réalisez le même rituel, en vous laissant porter par la puissance de votre intention.

DEUXIÈME PHASE

phase folliculaire

RECUEIL DE MOTS ACCOMPAGNANTS

Phase du cycle : phase préovulatoire/phase folliculaire

Archétype : jeune fille/vierge

Phase lunaire : lune croissante

Saison : printemps

Élément : air

Fleurs de Bach® : moutarde, gentiane, mélèze

Huiles essentielles : laurier, carotte, pamplemousse

Pierres : pierre de lune, jade, bronzite, piétersite, grenat, citrine

Outils : plume, encens

Énergies dominantes : confiance, enthousiasme, concentration, clarté, dynamique, action, audace, prise de décision, productivité, accomplissement, rentabilité, efficacité

DANS LE CORPS

La phase préovulatoire se situe entre les menstruations et la phase d'ovulation. Dès la fin des saignements, l'utérus est régénéré. Cette phase se caractérise par la réactivation graduelle des œstrogènes et par le développement d'un follicule ovarien. La muqueuse utérine, appelée « endomètre », se développe et s'épaissit en créant une couche superficielle dans l'utérus.

ÉNERGIES DE LA FEMME

Tout comme son corps, qui produit un ovule, cette phase invite la femme à se lancer dans de nouveaux projets de vie et à concrétiser ses envies de changement. Elle décompose ces projets en faisant preuve d'une réflexion plus rationnelle et structurée, avant de passer à l'action avec un esprit clair et une émotivité contrôlée.

C'est une phase stimulante durant laquelle la femme est dynamique. Elle accomplit beaucoup de choses, avec confiance. Elle s'élance pour réaliser ses rêves, répondre à ses besoins et satisfaire ses désirs. Elle est régénérée et dotée d'une grande concentration et se montre productive tant sur le plan physique que mental ou émotionnel, ce qui lui donne l'opportunité d'explorer des énergies plus masculines.

Durant cette phase, l'énergie de la femme est tournée vers l'extérieur et vers le monde. La femme ressent de la joie, est plus confiante, sociable et met à profit ce qui a été précédemment cultivé dans son intériorité. Elle ose le faire naître et grandir avec une foi absolue en elle-même, en son corps et en la vie.

Au cours de cette phase, la femme est ramenée à un état de conscience plus simple et positif. Elle s'autorise à vivre en pleine lumière, à s'exprimer et à s'affirmer. Elle n'hésite pas à prendre des risques pour défendre ses droits et se sent prête à tenter de nouvelles aventures et à démarrer de nouveaux projets, et s'applique à définir ses objectifs. Elle utilise ce regain d'énergie pour entreprendre, agir et accomplir des choses avec confiance, clarté d'esprit, motivation et détermination.

La femme est alors plus centrée sur ses rêves, ses besoins et ses désirs. Elle a envie d'aimer et d'être aimée. C'est le moment propice pour réactiver sa sexualité sans crainte, en acceptant de s'ouvrir à de nouvelles expériences et de prendre les commandes. À noter que les hommes pourront se sentir quelque peu intimidés par cette énergie.

Dans ce mouvement éveillé, il est essentiel que la femme s'assure de ne pas être trop exigeante envers son environnement et son entourage et de ne pas non plus s'engager corps et âme dans des projets ou évènements futurs. Elle doit garder à l'esprit que son énergie ne sera peut-être plus à son apogée à ce moment-là.

ÉNERGIE DE LA LUNE CROISSANTE

La phase de la lune croissante, aussi appelée « premier quartier », est liée à la phase folliculaire et est un puissant prolongement de l'énergie de la nouvelle lune. C'est une phase d'évolution et de progression pour toutes les intentions, idéale pour les rituels visant à attirer les vœux. C'est aussi une phase intense qui permet à la femme de nourrir ses inspirations, de développer ses capacités intuitives et d'affiner ses rêves prémonitoires et sa clairvoyance. Au cours de la lune croissante, la femme peut se renforcer, se reconstruire et créer. Cette énergie s'amplifie à mesure que la lune s'arrondit, jusqu'à la pleine lune.

ÉNERGIE DE LA SAISON PRINTANIÈRE

À l'instar du printemps, l'énergie de la femme se tourne alors vers l'extérieur. Elle s'accompagne de dynamisme et d'une envie de renaissance, portée par une énergie nouvelle, rapide et vive. Là où la femme avait planté des graines d'intentions dans la terre au cours de la phase des menstruations, elle les transforme à présent en germes, qui vont se diriger vers la lumière et commencer leur processus de croissance. Cette phase trace un chemin pour elles, de l'ombre à la lumière. C'est une phase d'action au cours de laquelle la sève permet de libérer, avec une énergie débordante, toutes les idées ayant émergé lors de la saison précédente.

INTENTION

« J'explore la vie en moi,
J'y plonge avec joie,
De l'ombre à la lumière,
Je rêve et je rayonne. »

RESPIRATION

Cette phase invite la femme à se reconnecter à l'élément Air. À chacune de vos respirations, l'Air circule entre votre monde intérieur et le monde invisible. En vous laissant traverser par cet Air, vous pourrez alors exprimer votre l'état sauvage qui sommeillait jusque-là dans vos profondeurs.

Idéalement, isolez-vous en pleine nature, ou veillez à vous installer dans un lieu dans lequel vous ne serez pas dérangée.

Fermez les yeux et isolez-vous du monde extérieur. Connectez-vous à votre souffle de vie : son rythme, ses mouvements, son trajet, ses sons, sa température...

Prolongez et amplifiez progressivement votre souffle, jusqu'à trouver votre propre rythme. Sentez comme votre être tout entier est à présent pleinement connecté à votre souffle.

Puis, sur chacune de vos inspirations, sentez comme la force sauvage emplit tout votre être. Et, sur chaque expiration, soufflez, soupirez, bâillez, criez, rugissez et libérez la femme puissante qui vit en vous et ne demande qu'à s'exprimer.

Pendant quelques minutes, laissez votre souffle trouver sa voie et sa voix. Sentez comme votre vibration s'élève. Vous pouvez, si vous en ressentez le besoin, l'accompagner par des gestes instinctifs au rythme de votre respiration.

Progressivement, retrouvez un souffle calme et silencieux, et sentez comme cet ensemble de sons vibre et se manifeste dans votre être tout entier. Enfin, accueillez le silence et la stabilité tant dans votre corps que dans votre esprit, avant de rouvrir les yeux.

MOUVEMENT

Durant cette phase emplie d'énergies dynamiques, il est essentiel de laisser le mouvement s'exprimer librement.

Offrez-vous un moment en extérieur, seule, si possible en pleine nature. Concentrez-vous sur l'air autour de vous, celui qui frôle votre visage et passe sur votre corps, mais sentez également comme il circule en vous-même en suivant le trajet de votre souffle. Prenez de profondes respirations et expirez franchement jusqu'à vider l'intégralité de vos poumons.

Prenez un temps pour ressentir votre corps et votre présence dans celui-ci. Puis, laissez-le évoluer, à son rythme, jusqu'à ce qu'il puisse trouver son mouvement naturel. Pendant quelques minutes, offrez-vous la possibilité d'exister pleinement, sans aucune contrainte, et de déployer vos ailes jusqu'à retrouver un mouvement aérien, spontané et sacré.

Remettez-vous-en pleinement à votre instinct et laissez l'ivresse de l'Air et du mouvement envahir tout votre être. Partagez un moment suspendu dans le temps avec vous-même : laissez la danse vous conduire dans une transe qui sera vôtre. Abandonnez-vous avec confiance à celle-ci : partez à la rencontre de vos énergies du moment, mais également des émotions qui émergent en vous et ne demandent qu'à s'exprimer.

Puis, progressivement, revenez dans un mouvement plus doux jusqu'à redevenir immobile. Les yeux fermés, vous vous focaliserez ensuite sur l'écoute de votre corps et de votre souffle, jusqu'à ce que tout votre être retrouve le calme.

Vous pourrez ensuite rouvrir les yeux et remercier le lieu.

MÉDITATION

Cette phase permet de concrétiser ses intentions et ses désirs. Cette méditation a donc vocation à créer une aspiration nouvelle, à s'ouvrir à une vérité supérieure qui ne demande qu'à se matérialiser.

Fermez les yeux pour vous isoler du monde extérieur. Allongez peu à peu votre souffle. Portez toute votre attention sur les points d'appui de votre corps en contact avec le sol. Et, sur chaque expiration, laissez votre corps se fondre davantage dans la Terre pour se relier à elle jusqu'à son centre.

Bien ancrée au centre de la Terre, laissez émerger spontanément en vous un projet, une résolution, une intention ou un désir profond.

Puis, visualisez celui-ci dans les moindres détails et définissez chacune des directions que vous pourriez emprunter pour le mener à bien, ses étapes et le chemin à parcourir. Imaginez-vous évoluer et œuvrer pour lui offrir du sens, jusqu'à lui donner naissance.

Progressivement, amplifiez votre souffle. Laissez l'énergie tellurique emplir tout votre être. Un profond sentiment de gratitude pour ce désir, qui emplit toutes les cellules de votre être, devrait alors vous envahir. Ce désir est déjà comblé dans votre esprit et ne demande, maintenant, qu'à se matérialiser.

Faites silence pour l'intégrer en vous. Faites confiance aux énergies de cette phase et à l'univers pour tout le reste.

RITUEL

L'Air symbolise l'invisible, la légèreté et la connexion aux rêves. Ce rituel permet de déterminer quels sont vos vœux et intentions du moment et de les laisser s'envoler en direction de tous les projets que vous souhaitez voir se concrétiser.

Vous pouvez choisir de pratiquer ce rituel en extérieur ou dans un lieu qui vous appartient et dans lequel vous ne serez pas dérangée.

Munissez-vous d'une plume d'oiseau, qui contient l'énergie de celui-ci. Cette plume est un cadeau que l'oiseau vous offre et chacune a une signification bien particulière : les plumes à dominance blanche symbolisent par exemple la purification, l'espoir, la protection et la paix, tandis que les plumes dans les tons brun, marron et beige symbolisent l'ancrage et l'enracinement. Les plumes noires, quant à elles, apportent une protection et les plumes jaunes, elles, la joie, la prospérité et l'abondance. Les plumes avec du rouge sont synonymes de courage et de force ; les notes de rose sont des marques d'empathie, de tendresse et d'amour. Les plumes vertes symbolisent l'unité et la fluidité et s'inscrivent dans une énergie croissante et fertile. Quelle que soit sa couleur, cette plume vous servira à éventer la fumée émanant d'un bâton de sauge blanche, d'encens ou d'autres plantes de votre région ou de votre choix que vous aurez choisi de faire brûler et qui sera empli de ses propres énergies.

Fermez les yeux et prenez quelques respirations pour reprendre conscience de votre corps. Ancrez-vous dans celui-ci. Puis, laissez émerger dans votre esprit vos projets et vos objectifs. Allumez ensuite votre bâton de fumigation ou d'encens.

Définissez et énoncez chacun des vœux intimement liés à vos projets, et confiez-les à l'univers en faisant danser la fumée à l'aide de votre plume. Vous pouvez lui faire décrire un mouvement de votre poignet à votre cœur, puis la laisser partir dans sa propre direction.

Imprégnez-vous de ces souhaits autant de temps que nécessaire, de manière à définir vos projets dans les moindres détails. Enfin, laissez-les prendre place dans l'Air, dans l'univers.

Lorsque vous le désirerez, éteignez votre bâton. Remettez doucement votre corps en mouvement et remerciez l'Air de vous avoir accompagnée et connectée à vos rêves.

TROISIÈME PHASE

phase ovulatoire

RECUEIL DE MOTS ACCOMPAGNANTS

Phase du cycle : phase ovulatoire

Archétype : mère

Phase lunaire : pleine lune

Saison : été

Élément : eau

Fleurs de Bach® : hélianthème, châtaignier, marronnier rouge

Huiles essentielles : rose de damas, ylang-ylang, orange douce

Pierres : pierre de lune, jade, chrysocolle, aigue-marine, cornaline

Outils : coquillage, bol d'eau

Énergies dominantes : expression de soi, estime de soi, assurance, besoin de connexion, patience, douceur, écoute, acceptation, altruisme, générosité, joie, gratitude, lumière, aboutissement, création, construction

DANS LE CORPS

La phase d'ovulation est caractérisée par un pic d'œstrogènes. C'est l'ovulation. C'est le moment où l'ovule sort du follicule et migre dans la trompe de fallope. Cette migration peut durer entre 12 à 24 heures. C'est le moment où l'ovule peut-être fécondé par un spermatozoïde. La température du corps s'élève. Le bas-ventre et les seins peuvent être sensibles. La progestérone commence à augmenter progressivement.

ÉNERGIES DE LA FEMME

Cette phase invite la femme à s'ouvrir à elle, à l'autre, à la nature, au monde qui l'entoure. C'est le moment idéal pour tisser des liens. C'est généralement pendant la phase d'ovulation que la femme jouit de la capacité de recevoir la vie. Elle attire à elle tout ce à quoi elle veut donner la vie. Elle est alors marquée par une force et une énergie plus rayonnante et dynamique que jamais, qui procurent un sentiment de profonde harmonie.

Cette phase d'ovulation permet de se tourner vers l'extérieur, de reconnaître le lien qui nous unit à la Terre et de créer une connexion à l'autre.

Cette phase d'ovulation est un moment qui permet d'occuper la place qui nous revient. Elle permet à la femme d'avoir pleinement confiance en elle-même et en ses valeurs. Cela lui offre également la possibilité d'accueillir de nouvelles idées.

Durant cette phase, la femme rayonne de tout son potentiel. Elle fait preuve d'un instinct maternel et est dotée de beaucoup d'empathie, de patience, d'assurance, de séduction et de compassion, ce qui se traduit généralement par une communication bienveillante.

Elle assume toutes ses responsabilités, elle soigne, aime et conseille. Elle s'ouvre naturellement à l'autre. Elle comprend ses besoins et le soutient. Elle accompagne son ou sa partenaire de vie et son enfant si elle en a un ou une, ou tout autre être présent dans sa vie qui s'y invite ou se sent attiré par elle. Elle est réceptive, à l'écoute, attentive et prend soin de tout être qui en a besoin.

Cette phase d'ovulation permet à la femme d'atteindre un niveau de conscience plus profond, ce qui lui procure un sentiment de confiance, de la joie et lui permet de renouer avec sa sexualité. C'est la phase durant laquelle le corps de la femme, fertile, cherche à donner l'amour et à le recevoir.

Cette phase amène également la femme à éprouver certaines pulsions sexuelles. À ce moment-là, elle porte un amour profond à son ou sa partenaire en trouvant une joie intense dans le fait de donner et recevoir du plaisir. Elle est ouverte à sa sensualité. C'est une phase propice à la consolidation des liens amoureux. Chaque personne peut rayonner tout en accompagnant l'autre dans son propre plaisir.

Les énergies créatrices liées à cette phase sont généralement puissantes, si bien que, comme la sexualité, les rêves peuvent être animés et peuplés d'images et de messages. C'est le moment d'utiliser cette belle énergie d'amour pour observer, réajuster ses habitudes et son attitude, prendre des décisions, finaliser des projets et régler des situations conflictuelles en ouvrant son cœur.

C'est le moment opportun pour se faire plaisir, donner la vie, s'ouvrir à l'autre, y compris à l'enfant à naître, et de voir se concrétiser tout ce dont à quoi l'on aspire. Durant cette phase, la femme est accueillante. Elle est unie au monde et peut donner, offrir et recevoir, ainsi que faire rayonner l'énergie créatrice.

La femme devient le point de convergence de toute la famille, dont elle maintient les liens. À cette occasion, il est logique que chaque femme puisse rendre visite à sa lignée de femmes : son arrière-grand-mère, sa grand-mère, sa mère ou sa fille, que ce soit physiquement ou spirituellement, en leur envoyant par exemple en pensée de la gratitude et de l'amour pour mieux les accueillir, les comprendre, communiquer et transmuter certains schémas transgénérationnels.

ÉNERGIE DE LA PLEINE LUNE

La période d'ovulation est logée au milieu du cycle de la femme. C'est le point culminant du cycle lunaire. Cette période représentée par la pleine lune est sans doute la plus mystique de toutes, parce que c'est là que la lune est la plus brillante et donc, plus facilement visible sur Terre.

C'est le moment où l'énergie lunaire est à son apogée. C'est pendant la pleine lune que la femme est le plus sensible à ses émotions, surtout si elle ressent une affinité puissante avec cet astre féminin.

La Lune, symbole du féminin, reçoit la lumière du Soleil, symbole du masculin, et nous la renvoie. Voilà pourquoi la période de la pleine lune est aussi une période de dualité puissante, qui met en lumière aussi bien les zones obscures que les zones rendues lumineuses, notamment par l'amour.

La pleine lune nourrit l'âme, le corps et l'esprit de chaque femme de sa lumière. Elle représente un moment riche en énergies créatrices et en intuitions. Il s'agit d'une période d'incarnation durant laquelle la femme se connecte naturellement à des puissances supérieures et tisse du lien autour d'elle, grâce à ses guides spirituels.

Cette période permet à toutes les intentions que vous avez formulées pendant la phase de la nouvelle lune de se développer ou de les revisiter. C'est le moment où tout, grâce à la présence de la pleine lune, se manifeste. C'est l'aboutissement de tout ce que vous avez entrepris jusqu'alors.

ÉNERGIE DE LA SAISON ESTIVALE

La saison estivale est une période d'ouverture dans laquelle s'inscrit l'ovulation. À l'instar de la nature, cette phase invite la femme à ralentir son rythme et à accueillir le soleil (l'énergie masculine) dans son corps maternel. Le bas-ventre de la femme s'arrondit et la Terre regorge de richesses, de générosité et de création.

Cette phase d'ovulation permet de se tourner vers l'extérieur et de rayonner. Tandis que la lumière et le soleil dévoilent certaines réponses à l'intérieur de nous, l'énergie de la femme atteint son apogée et autorise chaque femme à resplendir et à s'ouvrir à sa propre lumière.

Tout comme la chaleur du soleil nous pousse à dévoiler notre corps, la femme retire naturellement les masques derrière lesquels elle se cache d'ordinaire. C'est avec confiance qu'elle s'accepte telle qu'elle est. Elle bénéficie alors d'une belle stabilité et rayonne, sans ombre, en entrant puissamment en harmonie avec le reste du monde, envers lequel elle fait preuve d'une profonde générosité.

Alors que, pendant l'hiver, la femme se tournait plus vers la Terre, c'est maintenant au ciel et à l'univers tout entier qu'elle se présente. Bien qu'enracinée, elle leur ouvre son cœur. Elle s'exprime sans détour et est tournée vers l'extérieur.

INTENTION

« La lumière est tout autour de moi,
La lumière m'enveloppe et me pénètre,
Enfin, je rayonne de toute ma lumière. »

RESPIRATION

La respiration est un cycle qui exprime chaque confidence de l'existence. Il comprend l'inspiration et l'expiration, depuis l'intérieur vers l'extérieur. En effet, l'expiration permet de donner. Elle est active et favorise l'élimination des déchets et des tensions alors que l'inspiration permet de recevoir. Elle accroit l'activité des cellules nerveuses et symbolise la vie et la naissance. Il est important de commencer par un mouvement d'expiration afin de débuter ensuite par un cycle de renouveau.

Pendant quelques minutes, connectez-vous à votre souffle. Prenez conscience de son trajet, sa chaleur et ses mouvements. Percevez ses pauses naturelles et ses cycles, sans chercher à modifier son rythme. Progressivement, imaginez votre souffle comme un flux de lumière. Celle-ci représente la vie. Elle permet d'accéder à la compréhension, à la vérité, à la connaissance. Elle mène à l'évolution spirituelle.

Sur chaque inspiration, nourrissez-vous pleinement de toute la lumière dont vous avez besoin. Sentez comme les énergies autour de vous, l'amour, la bienveillance et tous les autres sentiments du même type prennent place en vous. Laissez-vous pleinement envahir par la lumière et par tous les sentiments agréables qui s'inscrivent en chacun de vos tissus et cellules. Peu à peu, l'ensemble de votre être se retrouve baigné de lumière. Vous êtes lumière. Amplifiez votre souffle pour vous nourrir de ces belles énergies.

Pratiquez cette respiration comme elle vous vient, aussi longtemps que vous en ressentez l'envie et le besoin.

MOUVEMENTS

Après vous être ouverte et profondément connectée à l'autre et au monde, il sera important d'exprimer ce qui vibre en vous. Pour ce faire, connectez-vous à l'énergie du cycle, symbolisée par l'Eau.

Pour commencer, installez-vous dans la posture que vous souhaitez, les yeux clos, et imaginez l'eau vous envahir à chaque inspiration. Et, à chaque expiration, visualisez l'Eau emplir progressivement votre corps. Imaginez-la dans vos courbes et vos creux, vos organes et vos cellules. Essayez de ressentir son énergie dans chacun des espaces de votre corps. Laissez sa pureté et sa transparence vivre, évoluer en vous. Ainsi, elle pourra purifier et nettoyer les mémoires et blessures passées. Elle protégera vos cellules.

Inspirez en ouvrant les bras, votre poitrine, et basculez votre tête en arrière pour vous ouvrir davantage. En expirant, laissez-vous aller dans un mouvement fluide, telle une vague qui se referme pour vous envelopper. Pendant quelques minutes, laissez votre corps plonger naturellement dans celle-ci et être bercé par ce mouvement. Laissez-vous évoluer au rythme du flux et reflux de votre souffle en imaginant l'Eau aller et venir dans votre corps. Visualisez-la danser en vous jusqu'à la pulpe de vos doigts. Laissez vos mouvements se connecter au cycle de votre respiration. Fluidifiez graduellement vos mouvements pour accueillir la vie en vous.

Puis, clôturez ce moment suspendu en expirant profondément et en vous repliant sur vous-même, comme si vous vouliez vous enlacer. Bercez-vous et efforcez-vous d'accueillir le calme, la douceur et la tendresse de ce moment avec un profond sentiment d'éternité. Vous pouvez alors rouvrir les yeux.

MÉDITATION

Durant cette phase ovulatoire, nous ressentons naturellement le besoin de nous relier aux autres et au monde et de tisser du lien avec eux. Nous devenons plus conscientes des besoins et des sentiments d'autrui comme des nôtres, les comprenons mieux et sommes dotées d'une écoute profonde. Cela permet d'accueillir l'autre avec une patience infinie.

Cette idée en tête, fermez les yeux et frottez vos paumes l'une contre l'autre. Posez vos mains sur votre poitrine. Sentez comme la chaleur de vos mains contre votre cœur est agréable. Progressivement, concentrez-vous sur le trajet de l'air qui entre et ressort par vos poumons et abreuve votre cœur d'oxygène. Visualisez une lumière naître dans ce dernier, puis irradier dans votre poitrine. Elle emplit votre corps tout entier. Vous êtes lumière. Vous respirez la lumière. Vous rayonnez de lumière.

Dans cet état, songez à une personne, la première qui vous vient à l'esprit. Il peut s'agir d'une femme de votre lignée, de votre enfant, de votre partenaire, d'une connaissance, d'une personne pour qui vous avez de l'affection ou, au contraire, pour laquelle vous ressentez de l'antipathie. Visualisez son corps, rappelez-vous ses mouvements, ses traits, son regard.

Reliez-vous à elle inconditionnellement. Laissez votre lumière affluer vers elle et l'éclairer. Permettez à vos âmes de vibrer de concert dans cette même lumière. À l'aide du lien de lumière ainsi créé, parlez-lui depuis l'espace du cœur. Apportez-lui votre présence, votre soutien, vos mots, votre énergie. Puis, enveloppez-la de toute votre lumière et enlacez-la, si vous en avez envie, pendant autant de temps que vous en ressentez le besoin. Puis, laissez progressivement s'effacer l'image.

Doucement, reprenez contact avec votre corps, les bruits et le monde extérieurs, et revenez dans l'instant présent en rouvrant les yeux.

RITUEL

La Lune a une puissante influence sur l'eau. Elle attire à elle la Terre-Mère et la mer, qui monte et descend comme le flux et reflux de la respiration. L'Eau permet de se débarrasser des mémoires transgénérationnelles, des blessures passées et des émotions. Couplée à la pleine lune, l'Eau peut aider à pratiquer un rituel de purification. Elle permet alors de se défaire de l'ancien et d'accueillir la vie.

Rapprochez-vous d'un point d'eau vers lequel vous vous sentez appelée ; une rivière, idéalement, mais cela peut aussi être un fleuve, un lac ou l'océan. Pendant quelques instants, observez le lieu, écoutez-le, ressentez-le et habitez-le en mettant tous vos sens en éveil. Fermez les yeux et prenez le temps d'associer une intention à ce rituel.

Nue ou enveloppée d'un châle, avancez lentement dans l'eau et immergez-vous. Laissez l'eau ruisseler sur votre corps, le nettoyer, le purifier et le libérer de toutes les émotions négatives qui l'habitent : colère, doute, incompréhension, anxiété ou tout autre sentiment ou évènement désagréable. Laissez vos blessures vous quitter dans l'eau, symbole de purification et de transformation. Prenez votre temps.

Petit à petit, retrouvez une respiration calme et profonde. Reprenez conscience de votre corps et célébrez l'eau sur celui-ci. Voyez en elle une bénédiction sacrée et porteuse de vie, d'envie et de fécondité. Laissez l'eau fertile nourrir vos rêves, votre être, votre ventre, votre utérus, tout comme l'eau, les rivières et les fleuves nourrissent la Terre. Concentrez-vous sur ce rituel aussi longtemps que vous en ressentez le besoin.

Sortez délicatement de l'eau, avant de vous emmailloter dans un tissu ou un drap de bain. Remerciez le lieu pour ce moment et déposez-y une offrande avant de le quitter.

Si vous avez envie de célébrer ce rituel mais que vous ne trouvez pas de point d'eau à proximité, vous pouvez tout à fait le pratiquer avec ce que vous avez chez vous, lors de votre douche ou d'un bain, par exemple. Gardez à l'esprit que c'est l'intention derrière ce rituel qui importe.

QUATRIÈME PHASE

phase lutéale

RECUEIL DE MOTS ACCOMPAGNANTS

Phase du cycle : phase prémenstruelle/phase lutéale
Archétype : enchanteresse
Phase lunaire : lune décroissante
Saison : automne
Élément : feu
Fleurs de Bach® : marronnier blanc, impatience, noyer
Huiles essentielles : myrrhe, cardamome, néroli
Pierres : pierre de lune, jade, aventurine, lépidolite
Outils : bougie, lampe à huile, encens, charbon
Énergies dominantes : espace, lâcher-prise, créativité, inspiration, enrichissement, projets, expérimentation, analyse, messages, critiques, révélations soudaines, tumulte, agressivité, hypersensibilité

DANS LE CORPS

La phase prémenstruelle, appelée aussi « phase lutéale », constitue la dernière phase du cycle. Cette phase est marquée par un bouleversement hormonal. La progestérone augmente et les œstrogènes chutent. La progestérone va augmenter s'il y a eu une fécondation ou chuter s'il n'y en a pas eu, provoquant les menstruations. Celles-ci libèrent l'espace pour le prochain cycle.

Syndrome prémenstruel

Si la majorité des femmes ressentent de légers inconforts physiques peu de temps avant le début des saignements, d'autres traversent un ensemble de symptômes plus marqués et incommodants. C'est ce que l'on appelle « syndrome prémenstruel » ou « trouble dysphorique prémenstruel ». Tous deux se traduisent par des symptômes physiques, psychologiques et émotionnels, ressentis durant les quelques jours précédant les menstruations, avec plus ou moins d'intensité en fonction des fluctuations hormonales. Pour ce qui est des malaises physiques, il peut s'agir d'une fatigue prononcée, de maux de dos ou de tête, de troubles du sommeil allant jusqu'à l'insomnie, de perturbations de l'appétit, de crampes abdominales, de douleurs musculaires, de rétention d'eau et de douleurs aux seins. Tout cela peut s'accompagner d'un sentiment de chaos intérieur assez violent et d'un malaise psychologique incluant, par exemple, de la dévalorisation de soi, un sentiment d'abandon, des pleurs, de l'irritabilité et de l'agressivité, un état dépressif, un sentiment d'incompréhension ou de l'anxiété. La femme peut aussi ressentir un manque d'énergie et de motivation, avoir des difficultés à se concentrer ainsi que des trous de mémoire et présenter une humeur changeante. Ces symptômes s'estompent généralement avec l'arrivée des saignements ou, pour certaines, s'améliorent vers la phase folliculaire.

Pour de nombreuses femmes, la phase lutéale est la plus bouleversante à traverser. Elle peut avoir de nombreuses répercussions sur la vie et le ressenti. Il est donc essentiel pour chaque femme d'apprendre à s'écouter et à comprendre ces éventuels changements liés aux hormones. Ainsi, elle pourra mieux comprendre son corps et ses besoins. De ce fait, je vous invite à vivre cette phase de manière consciente pour accueillir les messages qui l'accompagnent, et qui ne sont pas forcément le reflet de la réalité, mais simplement d'une phase à traverser. Ces manifestations peuvent également servir à vous guider sur la voie de vos besoins profonds et de votre identité.

ÉNERGIES DE LA FEMME

Au cours de cette période, le corps de la femme attend de savoir s'il y a fécondation ou non. C'est une phase de bouleversement hormonal. Cette interrogation suscite le doute et l'impatience tant dans le corps que dans l'esprit. Durant cette phase, la femme doit donc s'ouvrir à l'imprévu, pour que cette attente ne se répercute pas sur tout son être.

Progressivement, la femme se rend moins disponible pour l'extérieur et se reconnecte à sa source. Elle est dans une phase de repli, caractérisée par un mouvement continu ; celui du va-et-vient entre l'intériorité, pour trouver, seule, des réponses à ses questionnements, et l'extérieur, pour prendre connaissance des messages que le monde souhaite lui transmettre.

La femme est alors dotée d'une grande et belle intuition qui lui permet d'atteindre un niveau de conscience plus profond et réparateur, qu'elle peut mettre en œuvre lors de méditations. Cette phase lui permet de s'éveiller à des pensées inconscientes pour tisser du lien avec ses blessures et ses schémas. Ainsi, elle peut explorer, libérer et guérir ce qui se manifeste.

Si la femme est invitée à effectuer un retour aux sources, à s'accorder du temps et à accueillir sa vulnérabilité, les messages qui lui sont transmis et ses émotions, elle peut également ressentir un déséquilibre lorsqu'elle ignore ses besoins. Elle peut éprouver une fatigue intense et devenir irritable si elle s'éloigne de sa vérité. Cela peut la pousser à se remettre en question.

De ce fait, cette phase peut être porteuse d'énergies créatrices comme destructrices.

En effet, cette phase, entre ombre et lumière, est un puissant indicateur de l'identité et des besoins du féminin. À ce moment, la femme peut se sentir submergée par ses émotions et un sentiment d'insécurité, dès lors qu'elle néglige ses besoins et tout ce qui la fait vibrer. Elle s'emplit de craintes et de peurs profondes qui révèlent un manque d'amour et d'acceptation de soi.

Il sera donc plus difficile d'affronter les difficultés durant cette phase et sera essentiel de tisser une connexion avec sa voix profonde tout au long de celle-ci afin de trouver, grâce à elle, les réponses que l'on cherche. De même, il ne faudra pas hésiter à abandonner ce dont on n'a pas ou plus besoin d'emporter pour attaquer le cycle suivant. En somme, il s'agit d'une période d'approfondissement spirituel.

C'est pourquoi, durant cette phase, la femme est invitée à s'écouter pleinement, sans se mentir à elle-même, et à se montrer réceptive à tout ce qui se présente de manière intuitive à elle, en se détachant des attentes qu'elle serait susceptible d'avoir. Elle pourra alors faire consciemment le tri entre tout cela et revenir à l'essentiel. Cette écoute d'elle-même permettra à son être tout entier de se nourrir d'inspirations et de répondre à ses besoins véritables, afin de retrouver un équilibre nécessaire à un bel alignement.

Afin d'extérioriser toutes ces énergies, la femme se sentira naturellement portée par sa créativité : elle écrira, dessinera, dansera et proposera des idées innovantes. Grâce à cela, elle pourra se libérer de l'ancien, récolter l'aboutissement de ses intentions, vibrer, célébrer l'accomplissement précieux de son cycle et assister à sa propre transformation.

Comme la phase prémenstruelle est une période d'infertilité, la femme peut sentir que son corps ne souhaite pas de relation charnelle. En revanche, la femme peut aussi profiter de son énergie sexuelle et créative pour découvrir de nouvelles voies en matière de sensualité et d'érotisme. Les rapports entrepris seront alors plus audacieux et tournés vers la satisfaction personnelle.

Durant cette phase, le corps de la femme se prépare à son nettoyage, mais aussi à celui de l'âme et de l'esprit, qui se fera à l'arrivée des menstrues.

ÉNERGIE DE LA LUNE DÉCROISSANTE

La période prémenstruelle est liée à la phase de la lune décroissante. Cette phase lunaire correspond à la période qui s'écoule entre la pleine lune et la nouvelle lune, durant laquelle, chaque jour, la taille de l'astre s'amenuise et l'énergie de la femme diminue. C'est une période d'introspection et de repos. C'est le moment de se tourner vers l'intérieur et d'explorer notre côté obscur pour se libérer de tout ce qui nous encombre. C'est une phase de transition qui vise à préparer le renouveau, le prochain cycle.

ÉNERGIE DE LA SAISON AUTOMNALE

À l'image de la nature, et plus précisément de l'automne, la femme commence cette phase en étant entourée de lumière et d'abondance et s'enfonce peu à peu dans l'obscurité, qui représente la fin d'une période. Les couleurs changent, déclinent, et le rythme ralentit. L'été, caractérisé par la force de la vie et la fertilité, laisse doucement tomber ses fruits ainsi que ses feuilles pour entrer en hibernation. C'est une saison délicate à vivre, tant pour la Terre-Mère que pour la femme. Durant celle-ci, fatigués, la terre et le corps se mettent en pause. C'est une phase d'introspection dédiée à soigner votre relation avec vous-même et à vous reconnecter à votre essence pour évoluer.

INTENTION

« Entre visible et invisible,
Je me reconnecte à mes pouvoirs féminins,
J'entends et accueille leurs messages. »

RESPIRATION

Asseyez-vous en tailleur et fermez les yeux. Adoptez une respiration apaisante, purifiante et équilibrante. Inspirez quelques fois par les deux narines, profondément, et expirez longuement pour vous reconnecter à votre souffle.

Faites se rencontrer votre pouce et l'index de votre main gauche, paume tournée vers le ciel, et main naturellement déposée sur votre cuisse gauche. En effet, le pouce symbolise la conscience universelle et l'index la conscience individuelle. Ensemble, ils représentent l'unité de la conscience universelle et du calme intérieur.

Puis, placez l'index et le majeur de votre main droite sur votre front, et, avec votre pouce et votre annulaire, fermez à l'aide du premier votre narine droite et du second votre narine gauche, alternativement, de manière à ne respirer que par une seule narine à la fois.

Bloquez votre narine droite et inspirez par la gauche. Puis bloquez la gauche, libérez la droite et expirez par celle-ci. Puis inspirez à droite et expirez à gauche.

Répétez ce même cycle au moins cinq minutes par jour, de manière fluide et harmonieuse, en allongeant progressivement votre respiration et en terminant par une expiration à gauche.

MOUVEMENT

Installez-vous dans un espace dans lequel vous ne serez pas dérangée et au sein duquel vous pourrez laisser votre corps s'exprimer. Vous pourrez ainsi laisser s'affirmer votre feu, son pouvoir et sa puissance dans toutes leurs dimensions. Libérez et laissez circuler vos ombres et vos lumières, que ce soit en silence ou en étant accompagnée de son, d'un chant ou d'une musique. Ainsi, par le mouvement, vous permettrez à votre corps de se libérer de tout ce qui demande à être vécu et transformé.

Dans un premier temps, les pieds bien ancrés dans le sol, laissez votre corps créer des vibrations et des tremblements dans tous vos membres pendant quelques minutes.

Ensuite, laissez votre feu intérieur se révéler, vous accompagner, se transformer et se libérer. Tremblez, vibrez sur place et laissez votre corps bouger. Laissez-vous guider là où votre corps vous mène. Il sait.

Partez à la rencontre de vos ombres, vos souffrances, vos blocages, les résistances et de toutes les parties blessées de votre être qui ne demandent qu'à s'exprimer. Faites-les vibrer. Laissez vos blocages émotionnels trouver d'eux-mêmes leurs issues et disparaître de toutes les zones de votre corps dans lesquelles ils s'étaient logés.

Puis, au bout de quelques minutes, regardez comme vos tremblements se transforment naturellement et se fluidifient. Laissez votre corps s'apaiser, se relâcher et trouver en lui suffisamment d'espace pour exprimer sa créativité et vous permettre de rencontrer les parties lumineuses de vous-même. Vivez-les, elles aussi. Habitez votre lumière, inscrivez-la en vous et tout autour de vous par un mouvement ; une danse plus fluide, calme et harmonieuse.

Lorsque vous sentirez que votre corps a besoin de revenir dans l'immobilité, écoutez-le et apportez-lui ce dont il semble avoir besoin, ici et maintenant. Continuez aussi longtemps que nécessaire.

MÉDITATION

Debout, pieds nus et bien ancrés dans le sol, yeux clos, prenez quelques minutes pour prendre conscience de votre présence dans l'espace. Sur chaque expiration, calme et naturelle, sentez vos pieds s'ancrer davantage dans la terre. Puis, progressivement, visualisez des racines qui s'étendent depuis vos points d'appui contre la terre. Allongez votre souffle et laissez vos racines s'enfoncer de plus en plus profondément dans celle-ci. Connectez-vous à elle jusqu'à son centre.

Lorsque vous vous sentez stable, en sécurité et bien soutenue par la terre, aspirez l'énergie tellurique à l'aide de votre plante de pied gauche et laissez votre souffle parcourir le côté gauche de votre corps, jusqu'au sommet de votre crâne, puis expirez, en imaginant votre souffle redescendre par votre côté droit et vous libérer de toutes les tensions physiques, émotionnelles et mentales qui vous oppressent. Puis, en inspirant de nouveau, laissez l'énergie de la terre circuler naturellement par la plante de votre pied droit et remonter votre corps jusqu'à votre tête. Expirez en laissant votre souffle vous libérer de toutes les tensions de votre corps, qui vous quitteront par votre pied gauche. Vous pourrez ainsi les rendre à la terre, qui les transformera. Enfin, laissez une nouvelle fois l'énergie tellurique remonter en vous par la gauche, et ainsi de suite.

Répétez l'opération sur quelques cycles respiratoires, jusqu'à trouver un équilibre et ressentir votre respiration circuler librement dans vos deux hémicorps, toujours de gauche à droite pour nettoyer vos ombres, et accueillir en vous l'énergie de la Terre.

RITUEL

Le Feu est l'élément lié à la phase lutéale. Le rituel proposé ci-dessous vise à créer du lien avec cet élément pour vous permettre d'effectuer votre propre transformation. Le but est ici d'utiliser votre puissance transformatrice pour vous ouvrir au cycle de la vie, de la mort et de la renaissance.

Munissez-vous d'une branche de bois mort. Ayez confiance en vous. Vous saurez si c'est bien celle qui vous permettra d'accomplir ce rituel ou non. Observez-la et remerciez-la de bien vouloir vous accompagner dans ce processus de guérison.

Installez-vous dans un lieu sécurisé et à l'abri des regards pour vous reconnecter à votre intériorité. Puis, allumez une flamme. Celle-ci représente la vie. Laissez-la prendre ses droits sur votre branche morte. Le Feu symbolise en effet la libération et entraînera la transformation de ce bois. Le Feu détient un pouvoir de libération de l'ancien et permet une naissance, une renaissance et le renouveau. La mort se transforme naturellement.

Durant ce moment suspendu dans le temps, observez attentivement la flamme envahir votre branche morte. Profitez-en pour laisser remonter en vous les blocages émotionnels et énergétiques que vous pouvez ressentir. Pour un temps, laissez mourir toutes vos émotions, les schémas et les conditionnements qui ne demandent qu'à disparaître. Sentez ces énergies vous quitter au fur et à mesure que le bois se consume.

Prenez tout votre temps. Respirez calmement. Laissez vos émotions vivre, évoluer et se libérer, sans les provoquer, les réprimer ni les juger.

Ensuite, laissez le feu transformer ce qui doit renaître. Laissez la vie, vos lumières, votre créativité et vos inspirations naître et renaître en vous. Prenez votre temps. Ainsi, vous pourrez percevoir même les messages les plus subtils.

Efforcez-vous de vous concentrer sur ce rituel, aussi longtemps que le feu consume et transforme le bois. Cela marquera la fin de votre rituel.

Remerciez le bois pour cette transformation. Enfin, déposez dans le lieu choisi un don vivant, comme une fleur ou une plante. Ainsi se termine ce cycle de vie, de mort et de renaissance jusqu'à vos saignements.

TROISIÈME PARTIE

Rituels

Tout comme les cycles menstruels, les passages de la vie se manifestent, évoluent et fluctuent perpétuellement. Ils nous amènent à vivre des périodes d'incompréhension, d'incertitude, de doute, d'angoisse, mais également des moments de joie, d'amour et de confiance. Tous les passages ou « cycles » de votre vie vous permettent de guérir et de vous ouvrir à une nouvelle ère. Ils servent à entrer dans un nouvel état et à atteindre différents niveaux d'éveil, au fur et à mesure que vous les transcendez.

Ne provoquez toutefois pas une guérison mais profitez simplement de la vie et de ses étapes, mais également de vos énergies et de votre intuition. Plongez et laissez-vous guider par ce qui résonne et vibre en vous, sans aucune attente envers les pratiques et rituels qui vous guideront au fil des cycles et de votre cheminement de vie.

Chaque rituel est indépendant des autres, mais tous permettent de libérer et d'éliminer les blocages qui peuvent exister en vous à travers la guérison de tous les aspects du féminin. Ces rituels ne sont pas figés et n'ont pas non plus de durée déterminée. Sentez-vous libre de vous les approprier, de les laisser évoluer au gré de vos envies et de vos besoins. Chacun d'eux est une nouvelle initiation qui marquera une transition. Vous pouvez également y préférer les rituels de la deuxième partie, si ceux-ci vous parlent davantage et vous semblent plus à même d'accompagner votre cheminement.

Chaque rituel décrit ici est intentionnellement et essentiellement lié à la guérison du féminin. Cependant, je vous invite à pratiquer ceux qui trouvent un écho en vous selon la saison de vie que vous traversez et votre histoire. Ceux-ci vous permettront de répondre à un besoin précis et de libérer un émotionnel, ou de soulager plus efficacement un esprit souffrant. N'hésitez donc pas à expérimenter les pratiques et rituels qui vous parlent dans l'instant. Revenez aux autres lorsque vous en aurez l'envie. Certains rituels, quant à eux, seront à laisser de côté.

Chaque rituel a sa durée et son cheminement. Il sera parfois nécessaire de les explorer longuement pour parvenir à un résultat. Ainsi, certains auront besoin d'être pratiqués plusieurs jours d'affilée ou plusieurs fois avant que vous ne puissiez vous les approprier et leur accorder la place qui leur revient en vous. En revanche, certains processus de guérison vous demanderont un temps d'intégration et devront infuser pendant quelques mois dans votre esprit avant que vous ne puissiez les réitérer. Écoutez-vous, écoutez votre rythme et vos besoins.

Offrez-vous des moments de pause et d'observation pour laisser émerger dans votre esprit des messages sous forme de rêves, d'images ou de toute autre forme d'intuition. Ainsi, vous serez plus à même de vous écouter et de vous respecter. Ayez confiance en votre ressenti.

Veillez à soigner chacun de vos rituels. Purifiez par exemple le lieu avec de la sauge blanche, de l'encens, du palo santo ou tout autre bâton de fumigation conçu avec des plantes de votre région. Reconnectez-vous à votre souffle, accueillez vos émotions et associez une intention particulière à votre rituel. Formulez-la à voix haute ou intérieurement, selon vos besoins. N'hésitez pas non plus à écrire pour poser des mots sur vos ressentis et vos expériences. Pensez également à créer une ouverture et une clôture de rituel, comme allumer et éteindre une bougie, ou inhaler une huile essentielle (en surveillant bien ses recommandations d'usage) à même le flacon ou déposer une goutte de celle-ci sur vos poignets, par exemple. Soyez créative.

ancrage à la terre

L'ancrage à la terre, ou « enracinement », permet de se connecter à celle-ci et, ainsi, d'être entièrement dans l'instant présent et de se retrouver. S'ancrer, c'est accepter en son âme et conscience son intégralité et vivre chaque instant sans se perdre dans le mouvement des autres et de la vie. Cela permet de se reconnecter à soi-même, « d'habiter » pleinement son corps et de se détacher de ses rêves éveillés, de ses pensées, de l'imaginaire et de la spiritualité, pour revenir se connecter profondément à la matière qui compose les mondes corporel et terrestre.

En nous reliant à l'énergie tellurique, nous plongeons nos racines profondément dans la terre. Cela apporte de la sécurité, de la confiance en soi et de la solidité à nos appuis, malgré les mouvements de la vie et ses épreuves, mais également des cycles et des variations hormonales, ou encore des influences lunaires. Ainsi, nous pouvons élever nos branches loin vers le ciel pour avancer dans la vie. En effet, les saisons de celle-ci et les étapes que nous traversons peuvent fragiliser notre sécurité, nos racines et nos appuis. S'ancrer de manière consciente, quotidiennement, permet de se soutenir soi-même.

L'ancrage peut aussi se pratiquer en passant du temps dans la nature, en forêt, ou encore en marchant pieds nus, en enlaçant un arbre, en jardinant...

RITUEL

Installez-vous confortablement, les pieds au sol, contre la terre. Les yeux clos, inspirez et expirez de manière calme et prolongée. Veillez à bien étirer votre colonne vertébrale sur chaque cycle respiratoire. Puis, dirigez votre attention sur les points d'appui qui lient votre corps à la terre. Sur chaque expiration, laissez le poids de votre corps se déposer davantage sur vos points d'appui. Sentez comme la Terre-Mère vous soutient. Imaginez, progressivement, des racines qui sortent de vos points d'appui et qui, sur chaque expiration, s'enfoncent, doucement, jusqu'au centre de la Terre.

Dès que vous vous sentez profondément soutenue et ancrée, laissez-vous habiter pleinement votre corps, occuper votre place sur Terre, dans l'instant présent. Sur chaque inspiration, sentez comme l'énergie tellurique remonte en vous, apportant avec elle les minéraux et nutriments de la terre. Laissez-les vous parcourir, vous envahir et circuler librement dans votre corps puis votre être tout entier, autant de temps que nécessaire pour vous sentir maintenue et en parfaite sécurité, ici et maintenant. Si, au cours du processus, vous ressentez le besoin de libérer les énergies stagnantes dans votre corps, profitez d'expirations calmes et prolongées pour nettoyer celui-ci et l'en débarrasser. Visualisez ces blocages vous quitter par vos racines. Ils seront alors accueillis pas la Terre-Mère et transformés. À la fin de votre rituel, prenez un moment pour remercier la terre pour son soutien et son énergie.

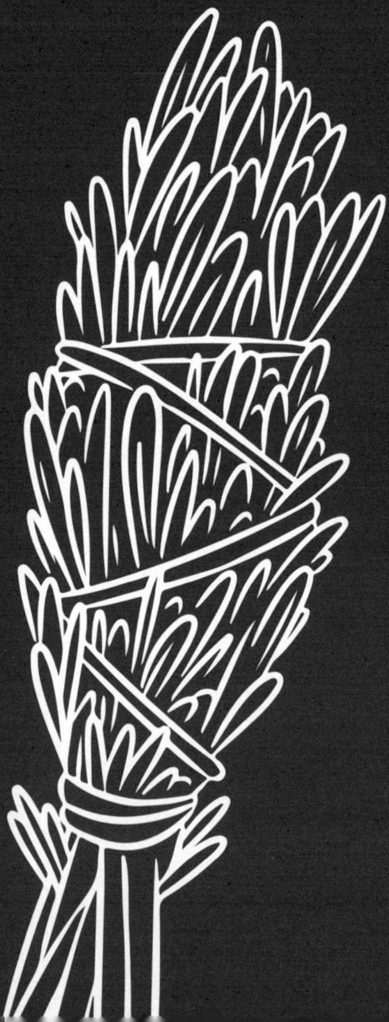

connexion à son ventre

Nous avons toutes habité le ventre de notre mère avant de naître. Nous avons partagé ce qu'elle vivait, ce qu'elle ressentait et ce qu'elle pensait. Nous avons nous-même éprouvé en ce même lieu l'histoire de la femme qui nous a donné la vie.

Le ventre de la femme se modifie, évolue et se métamorphose tout au long de ses phases, ses cycles et ses saisons de vie. Non content d'abriter les organes de reproduction, l'intimité et la sexualité, il représente aussi l'espace où se créent nos projets et la vie. Il est aussi relié aux organes responsables de l'assimilation de nos émotions refoulées, de nos blessures et de nos traumatismes (c'est-à-dire l'estomac, l'intestin, le foie, le colon, le système digestif et d'élimination), et participe donc à leur élimination en nous permettant de nous libérer du passé et de nos mémoires. Ainsi, ce lieu est un espace où viennent se loger nos désirs, nos blessures et nos pouvoirs. C'est là que siège notre énergie vitale, qui ne demande qu'à se libérer pour retrouver toute sa puissance créatrice.

Le rituel de respiration proposé ci-dessous vous permettra d'évacuer les tensions, les mémoires, les blessures et les toxines en vous afin de créer de l'espace pour ressentir un état de fluidité et de souplesse dans votre ventre, et ainsi laisser votre énergie vitale circuler librement.

RITUEL

Dans un endroit calme, posez vos mains à plat sur votre ventre, en dessous de votre nombril. Fermez les yeux, et durant quelques minutes, renouez avec votre féminin sacré. Au rythme de votre respiration, de plus en plus allongée, dirigez toute votre attention sur votre ventre, ses mouvements calmes et réguliers. Puis, sur chaque inspiration, que vous prendrez soin de prendre par le nez, laissez votre ventre s'ouvrir, s'emplir, s'étendre et s'étirer dans toutes les directions. Ensuite, sur chaque expiration (par la bouche), laissez votre ventre revenir en son centre. Progressivement, laissez-le se relâcher, se détendre, et laissez s'échapper toute émotion qui ne vous appartient plus.

Respirez ainsi de manière ample et profonde. Débarrassez votre ventre de toutes les tensions pour permettre à votre énergie vitale de circuler librement, jusqu'à ce que vous ressentiez une certaine souplesse dans l'ensemble de votre ventre.

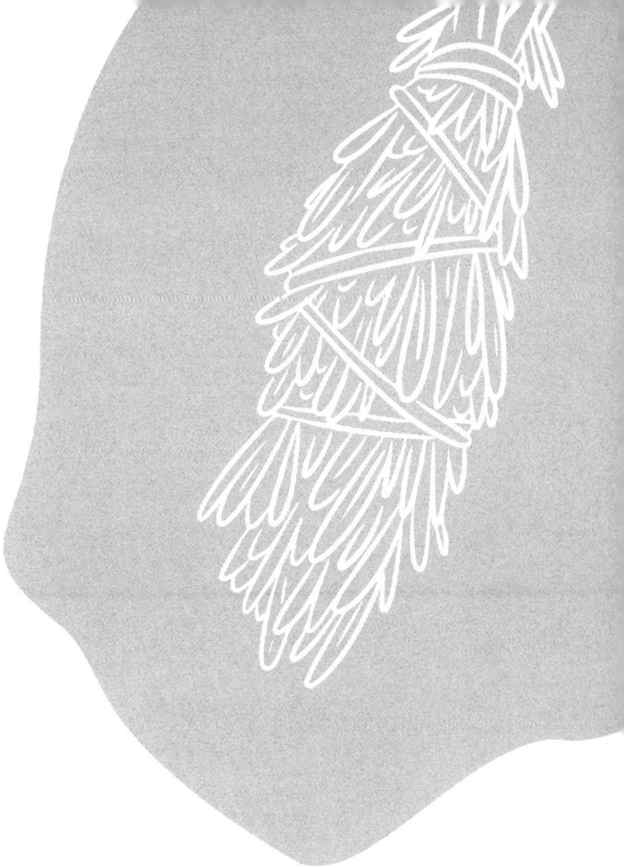

connexion à son utérus

L'utérus est le siège de la féminité et de l'identité de la femme. C'est un espace sacré, le centre spirituel le plus profond de cette dernière. Pourtant, il est souvent blessé ou oublié, bien qu'il détienne un immense pouvoir de connexion et de guérison. L'utérus est, à lui seul, une puissante source d'énergie qui permet à la femme de se connecter à elle-même, de se relier à l'autre, à sa lignée et à la Terre. Il est le lieu où tout commence ; celui qui accueille le désir sexuel, la vie et permet de donner naissance, dans tous les sens du terme. C'est également un lieu de mémoire, garant de nos souvenirs et témoin de nos traumatismes. Il est donc essentiel, pour chaque femme, d'apprendre à mieux connaître son utérus pour découvrir, avec joie, ses énergies créatrice et sexuelle, en concrétisant par exemple ses désirs ou ses rêves, ou bien en donnant naissance à un enfant, à un projet ou à toute autre énergie nouvelle.

Le rituel proposé ci-dessous permet à chaque femme de tisser une intime connexion avec ses ressentis, de les accueillir et de les recevoir, ainsi que de se libérer. Il peut l'aider à se connecter à son intuition et à reprendre son plein pouvoir féminin. Cette méditation est un moyen simple d'atteindre la zone de l'utérus par le biais du souffle, afin de s'y connecter. Cette exploration demande une écoute progressive. Pour les femmes qui pour une raison ou une autre ont une absence partielle ou totale d'utérus ou d'une partie du vagin, il est tout à fait possible de réaliser ce rituel par l'inscription des mémoires énergétiques, grâce aux pouvoirs de la créativité et de la visualisation.

RITUEL

Debout ou assise, pieds (nus, de préférence) contre le sol ou à même la terre, connectez-vous à la profondeur de votre utérus. Les yeux clos, portez une attention toute particulière à vos organes féminins, à l'ensemble de votre sphère gynécologique. Concentrez-vous sur votre vulve, puis laissez votre attention remonter le long de votre vagin. Prenez conscience de l'espace dans votre utérus et imaginez-vous parcourir vos trompes jusqu'à vos ovaires. Connectez-vous à votre zone sacrée dans les moindres détails : visualisez-en les couleurs, les formes, les courbes et les creux. Chaque cellule qui s'y trouve symbolise le féminin. Votre utérus est un lieu de libération, de guérison, de vie, d'envies et de plaisirs.

Petit à petit, redirigez votre respiration vers votre vulve et laissez votre souffle parcourir votre vagin puis retourner à l'intérieur de votre utérus. Visualisez votre souffle envahir ce lieu. Vous devriez ressentir alors une agréable sensation de chaleur. Abandonnez-vous à ce lieu en toute confiance. Laissez votre utérus s'exprimer par des mouvements de va-et-vient entre votre vulve et son centre et inversement, à l'aide du rythme de votre souffle. Concentrez-vous sur la sensation de chaleur et de détente qui s'installe en vous et envahit cette zone sacrée. Continuez aussi longtemps que souhaité.

guérison de sa sphère féminine

Il se peut également que certaines femmes ressentent des troubles ou éprouvent des douleurs menstruelles, mais souffrent aussi de pathologies chroniques comme des cystites à répétition, du vaginisme, de l'endométriose ou de toute autre maladie gynécologique. Or, le cycle menstruel représente la puissance de guérison. Il invite donc, à chaque fois, la femme à se guérir, ce qui passe notamment par sa sphère féminine. La période prémenstruelle prépare justement à ce nettoyage. Les menstrues, par exemple, permettent de libérer et de guérir ce qui n'est plus, que ce soient les émotions, blessures, moments de stress ou les traumatismes du cycle passé.

C'est donc le moment idéal pour entamer la guérison de son corps, de son esprit et de son âme. Ainsi, en se connectant émotionnellement et énergétiquement, par l'imagination, à ses menstruations et à ses maux, il est possible de nettoyer et libérer son utérus de toutes sortes de conflits.

Vous pouvez réaliser ce rituel de guérison lors de vos menstruations, si vous souhaitez vous libérer des blessures du cycle passé, ou pratiquer celui-ci quotidiennement pour traiter vos maux et pathologies divers. Auquel cas, je vous invite à lire entièrement le rituel au préalable pour vous l'approprier au mieux, selon vos envies et vos besoins.

RITUEL

Installez-vous confortablement dans la position qui vous convient. Respirez calmement. Fermez les yeux, et sur chaque expiration, laissez votre corps reposer davantage sur ses points d'appui sur le sol. Sentez comme la terre vous soutient. Laissez des racines se dessiner entre vos points d'appui et le centre de la Terre. Sentez comme la Terre-Mère vous accueille. À présent que vous êtes complètement ancrée, remontez progressivement jusqu'à votre vulve. Puis, remontez le long de votre vagin jusqu'à arriver dans votre utérus, pour en prendre conscience.

Essayez de ressentir l'ensemble de votre sphère gynécologique. Gardez en tête l'intention de vous guérir. Puis, peu à peu, laissez jaillir une lumière scintillante dans votre utérus. C'est celle de votre guérison. Laissez-la prendre place dans votre sphère féminine, gynécologique et sacrée. Observez-la. Elle peut maintenant vous accompagner et vous aider à œuvrer à la guérison de votre sphère sacrée[4].

Cette lumière peut accompagner le décollement de la couche superficielle de l'endomètre, qui tapisse l'intérieur de l'utérus lors des menstruations, et le nettoyage de celui-ci, mais également permettre de visualiser l'élimination des lésions endométriales en migration si vous êtes atteinte d'une endométriose, d'une maladie ou d'une pathologie tel qu'un vaginisme, fibromes, cystite... Elle vous assistera également dans votre guérison émotionnelle et énergétique suite au cycle passé. Dans cet esprit, laissez venir à vous toutes les émotions, le stress, les conflits et les traumatismes dont vous aimeriez vous libérer. Puis, laissez cette lumière scintillante œuvrer. Ainsi, elle nettoiera et libérera chaque zone et cellule de votre sphère sacrée. Ensuite, invitez la lumière à descendre ou se diffuser le long de votre vagin, à emplir votre vulve et, finalement, à s'éteindre progressivement.

Continuez à faire sortir de votre corps, à éliminer et à accompagner toutes les formes de souffrances qui vous habitent jusqu'à visualiser la lumière scintillante vous quitter entièrement.

---

4. N'oubliez pas de consulter un professionnel de la santé si votre état venait à stagner ou à se dégrader, et utilisez ce rituel pour vous épauler tout au long de votre parcours de soin.

connexion avec l'enfant à naître

L'invitation de l'enfant à naître est le tout début de la relation avec son enfant, qui passera ensuite par le toucher et par la voix, lorsqu'il sera en train de se développer en vous. Pour cela, il est essentiel de créer du lien avec lui, que ce soit par l'imagination, la pensée ou les vibrations de votre voix. Il est important de l'inviter, de vous montrer présente et de lui offrir votre amour, mais également de partager avec lui vos ressentis et vos émotions.

Cette invitation permet à la femme cherchant à enfanter, mais également à la femme enceinte qui désire favoriser une rencontre symbolique, de se connecter à son enfant à naître. Il est nécessaire de lire ce rituel avant de le pratiquer afin de vous l'approprier, pour laisser plus de place à ce qui vibre en vous, selon vos envies. C'est ainsi que vous pourrez laisser votre âme et celle de votre enfant entrer en résonnance.

RITUEL

Allumez une bougie et installez-vous confortablement. Ajustez votre posture jusqu'à trouver une position favorisant la détente de votre corps. Pendant quelques minutes, les mains sur votre bas-ventre, prenez conscience des mouvements de votre souffle dans cette zone puis concentrez-vous sur les sensations agréables qui devraient traverser votre utérus. Visualisez ce dernier comme un lieu sacré et accueillant pour l'enfant à naître.

Si vous êtes dans l'attente d'une grossesse, imaginez l'âme de votre enfant être déjà en chemin. Parlez-lui, invitez-le à vous rejoindre, rassurez-le, dites-lui combien vous l'attendez, que vous avez créé en vous l'espace nécessaire pour l'accueillir… Et, si vous êtes déjà enceinte, expliquez-lui combien vous l'aimez, décrivez-lui vos ressentis, vos sentiments, vos doutes, vos peurs, vos blessures, dites-lui également qu'il peut s'incarner en vous sans crainte, se libérer de toutes les blessures qui ne lui appartiennent pas et que vous l'aimerez tel qu'il est déjà.

Qu'importe votre cheminement actuel, connectez-vous à l'âme de votre enfant ou de celui à naître. Avec vos mots ou votre chant, accueillez-le tel qu'il se présente à vous, sans attentes ni jugement. Efforcez-vous de vous montrer ouverte, adaptable et en harmonie avec ce qui vibre en vous.

Continuez aussi longtemps que nécessaire à communiquer avec lui, tout en restant à l'écoute de vos sensations et de vos perceptions. Lorsque vous le voudrez, à votre rythme et sans vous presser, reprenez conscience de votre corps, de ses messages et du sentiment d'amour qui vous envahit. Laissez-les prendre place en vous pour resserrer les liens qui vous unissent, votre enfant et vous, et rouvrez les yeux. Éteignez la bougie.

rituel de guérison pour l'enfant avorté

De nombreuses circonstances, propres à chacune, peuvent amener une femme à prendre la décision de mettre fin à une grossesse, qu'importe sa saison de vie. Cette décision ne devrait faire l'objet d'aucun jugement extérieur. Il n'y a ni crime ni coupable, d'autant plus que la femme est au cœur même de cette souffrance, dont elle finit souvent même par s'interdire de parler.

En effet, l'avortement touche à ce qu'il y a de plus intime chez la femme. Parfois, elle enfouit, renie et refoule ses souffrances, ses souvenirs, ses blessures psychiques et psychologiques, ou inhibe toute forme de deuil ou de sentiment associé. La plupart des femmes, d'ailleurs, ne laissent rien paraître, taisent leurs blessures et agissent comme si rien ne s'était passé, comme si rien de tout cela n'avait eu lieu, pour se protéger de cette épreuve si douloureuse.

Pourtant, le corps et l'esprit, eux, n'oublient pas. Parfois, des empreintes et blocages énergétiques se mettent même à crier pour se faire entendre, exister et se libérer. Voilà pourquoi il est essentiel d'accomplir un rite pour surmonter cette épreuve, libérer l'âme de l'enfant et pouvoir vivre le deuil de l'avortement correctement. Lorsque vous sentirez que c'est le bon moment, il sera capital d'accepter et de guérir cette blessure, qu'elle soit silencieuse ou cherche à se réveiller, qu'elle soit récente ou non, et ce, en retraçant les quelques semaines de gestation, l'accueil puis la mort de l'enfant. Vous pouvez réaliser ce même rituel de guérison pour un ou plusieurs enfants avortés, en dédiant bien un rituel à chaque enfant pour lui donner la place qui lui revient dans ce processus de gestation, de vie et de retour en terre.

Puis, si vous en ressentez le besoin, enchaînez avec le « rituel de guérison des enfants non-nés » pour inscrire malgré tout votre enfant dans votre lignée.

RITUEL

Veillez à commencer le rituel de guérison par un temps de méditation pour vous reconnecter à votre corps et vous ancrer à la Terre-Mère. Puis, à l'aide de terre glaise ou d'argile, façonnez un fœtus pour simuler un temps de gestation et une naissance, afin d'accueillir, reconnaître et accepter votre enfant. Prenez tout votre temps et laissez s'exprimer vos ressentis et les émotions qui vous habitent durant le modelage de l'enfant.

Rendez-lui sa place dans votre vie et adressez-vous à son âme par son prénom, puisqu'il a bel et bien existé en vous à un moment donné. Puis, parlez-lui, sincèrement, en laissant votre plus belle vulnérabilité éclater. Faites-lui part de votre cheminement, des raisons de votre choix, de vos souffrances et de vos regrets, si vous en avez, comme vous les ressentez. Exprimez-lui de même toute votre gratitude quant au fait qu'il vous ait choisie, mais également pour les enseignements qu'il vous aura permis de tirer de cette saison de vie. Demandez-lui pardon, demandez-vous pardon ; un pardon dénué de tout jugement et de toute culpabilité. Laissez votre voix s'exprimer librement jusqu'à ce que le silence reprenne ses droits.

Puis, tout de suite après ou lors d'un moment que vous jugerez plus opportun, cherchez un lieu ressourçant dans lequel vous pourrez offrir à cet enfant un retour à la terre : en pleine forêt ou campagne, près d'une rivière ou dans tout autre lieu qui vous appelle. Déposez-y votre modelage et accompagnez-le de vos prières, emplies de douces intentions et de votre bénédiction. Dites au revoir à votre enfant. Remerciez l'âme de celui-ci, remerciez-vous et remerciez le lieu qui l'accueille. Cela marquera la fin du rituel de guérison, qui vous permettra de vivre dès lors en paix avec vous-même et vos empreintes et de vous libérer, votre enfant et vous.

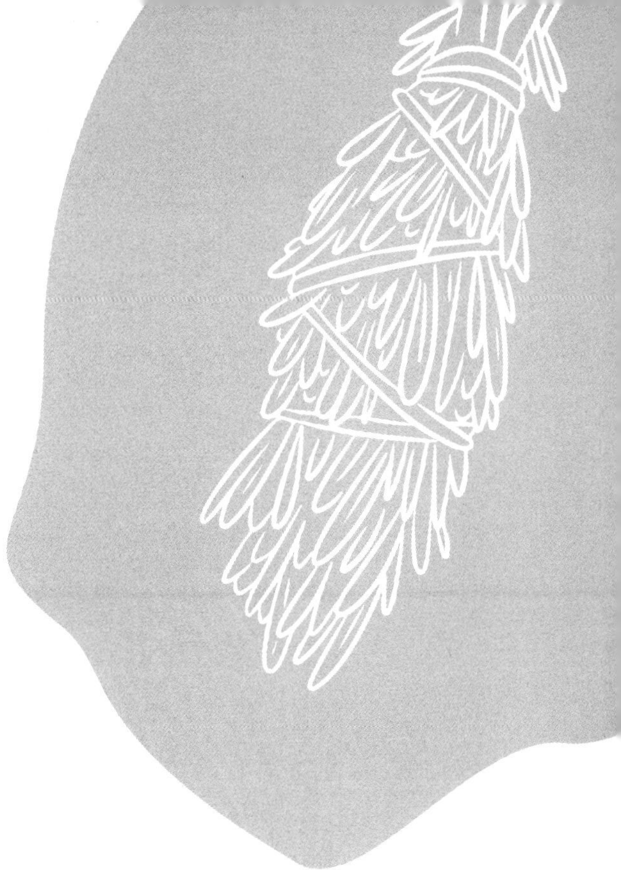

rituel de guérison des enfants non nés

Nombreuses sont les femmes qui traversent seules ou en silence l'épreuve d'une grossesse non évolutive, autrement dit d'une fausse couche. Peu de dispositifs sont proposés pour accompagner les femmes ou les couples durant cette épreuve. Alors, par pudeur face à une société qui a souvent tendance à négliger et banaliser ce drame, ces femmes taisent leur souffrance.

La plupart du temps, la fausse couche survient lors du premier trimestre. Il n'empêche que cette souffrance peut marquer profondément la femme qui la subit. Pour s'ouvrir de nouveau à la vie, il lui faut faire son deuil. En effet, pour certaines, lorsque la fausse couche survient de manière plus tardive, à la douleur émotionnelle s'ajoute la difficulté de devoir porter son enfant mort en soi quelque temps. Quoique cela puisse être vu comme une délivrance, cela reste traumatisant pour la femme qui le vit.

Dans ce processus de deuil visible et invisible, il peut être libérateur de mettre des mots sur ses blessures, ses souffrances et ses émotions, mais également d'exprimer son vécu ou de le partager avec les personnes autour de soi pour se sentir soutenue dans cette épreuve. Bien que la grossesse ait été interrompue, la femme, elle, a bel et bien été enceinte quelques jours, quelques semaines ou quelques mois, et son enfant a existé. Il s'est inscrit en elle et a laissé des traces dans l'ensemble de son corps, et plus particulièrement au sein de son utérus. De ce fait, si vous avez vécu un tel drame, il est essentiel d'offrir à votre enfant une place dans votre lignée pour libérer son âme et de l'accompagner pour le laisser partir avec douceur.

Si vous en ressentez le besoin, vous pouvez par la suite réaliser le « rituel de guérison pour l'enfant avorté », pour accompagner votre deuil et donner un corps à l'âme de votre enfant.

RITUEL

Pour commencer, allumez une bougie. Installez-vous dans un espace de méditation et essayez d'emplir votre corps de votre présence. Concentrez-vous plus particulièrement sur votre ventre ; votre utérus. De là, laissez remonter toutes les sensations et émotions que vous avez pu ressentir lorsque votre enfant était présent en vous, de manière à honorer ce que vous avez vécu ensemble. Respirez calmement pendant quelques minutes pour créer un lien avec l'âme de l'enfant. Laissez votre âme parler à la sienne, sans contrainte. Remerciez-le de vous avoir choisie et d'avoir existé. Confiez-lui votre amour, jusqu'à ce que vous lui ayez dit tout ce que vous aviez à lui dire et que le silence reprenne ses droits.

Puis, laissez votre enfant se fondre en vous telle une lumière dorée et éclatante qui emplirait votre utérus, votre bas-ventre, votre bassin, puis votre être tout entier. Laissez cette lumière émaner tout autour de vous. Offrez à cet enfant une place au sein de votre famille, de votre lignée. Restez connectée à son âme aussi longtemps que vous le désirez, avant de l'accompagner dans un ailleurs. Là, dites-lui au revoir et acceptez de le laisser partir. Imaginez alors cette lumière dorée vous quitter avec douceur et s'effacer progressivement. Reprenez conscience de votre souffle qui s'infiltre jusqu'aux profondeurs de votre utérus. Enfin, remettez votre corps en mouvement avant de rouvrir les yeux. Pour clôturer le rituel, éteignez la bougie.

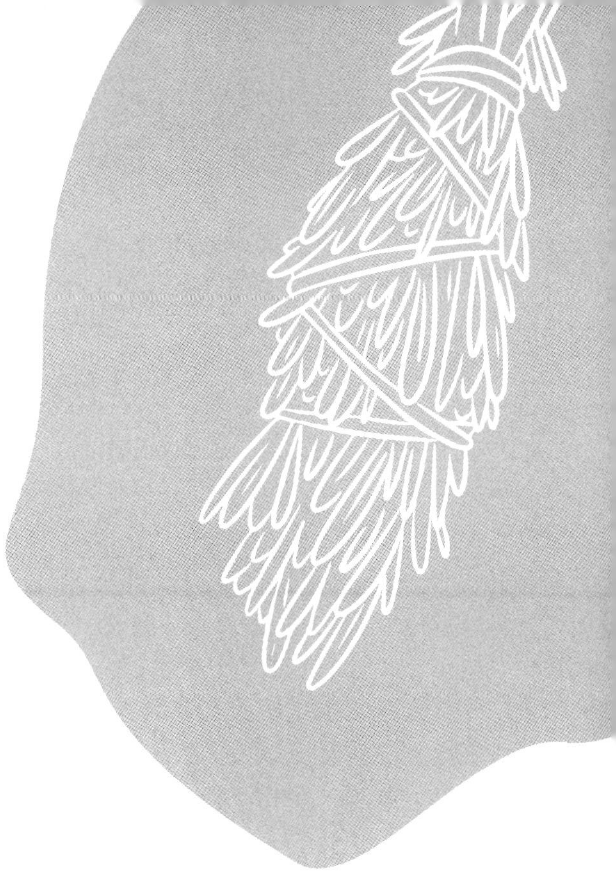

guérison de l'enfant intérieur

Nous avons toutes en nous un « enfant intérieur » brimé, abandonné, malmené ou réduit au silence. Nous avons toutes en nous des « facettes » douloureuses, adoptant des formes et des nuances différentes tout au long de nos saisons de vie. Se reconnecter à cette enfant, cette adolescente, cette adulte qui sommeille en nous, c'est lui permettre de guérir nos blessures passées ; d'identifier, de reconnaître et d'accepter les parties de nous fragmentées, qu'importe l'intensité des colères, tristesses ou craintes qui y sont associées.

Ainsi, cette reconnexion avec son « enfant intérieur » permet de faire émerger ce qui ne demande qu'à s'exprimer, de plonger au cœur de nos blessures et des ombres que nous avons reniées jusqu'ici, de laisser les émotions se manifester, vivre et évoluer en nous. Ce processus d'intégration et de guérison passe par le fait d'inviter cet enfant intérieur à se laisser apprivoiser, de lui apporter du soutien et du soulagement, de le nourrir d'amour, de douceur, de tendresse, de reconnaissance, de compréhension, de valorisation, et de toute l'attention dont il a besoin pour transcender ses blessures et vous en libérer tous les deux.

Réalisez cette reconnexion aussi souvent que vous en ressentez le besoin pour guérir les parts de vous blessées et vous apporter tout le soulagement dont vous avez besoin dans votre cheminement, ici et maintenant.

Après lecture du rituel, si vous ne vous sentez pas prête à vous connecter à cet enfant intérieur par l'imagination, écrivez-lui plutôt une lettre.

RITUEL

Dans un lieu neutre, au cœur duquel vous vous sentez bien et en totale sécurité, posez vos pieds à plat contre le sol, fermez les yeux et pendant quelques minutes, portez vos deux mains à votre plexus solaire (la zone située entre le sternum et le nombril). Concentrez-vous sur l'intérieur de vous-même et sur tout ce qui se vit en vous : les mouvements, les sons et les vibrations, jusqu'à ce que tout se calme et s'apaise.

Visualisez un lieu en pleine nature, le premier qui vous vient à l'esprit, et invitez votre « enfant intérieur » à se manifester. Observez sa posture, ses mouvements, ses gestes et ses traits et laissez-le s'approcher de vous, progressivement. Détaillez ses traits, ses expressions et rappelez-vous ce qui lui a le plus manqué ou ce qui l'a le plus marqué à tel ou tel moment. Ressentez ses émotions, ses sentiments et toute forme de souffrance qu'il pourrait éprouver. Puis, installez-vous près de lui, à l'endroit qu'il a choisi.

Rassurez-le et dites-lui qu'à présent et à l'avenir, vous serez là pour lui. Demandez-lui pardon de ne pas l'avoir ressenti plus tôt, de l'avoir délaissé si longtemps et abandonné à ses peines, ses douleurs et ses blessures. Ensuite, demandez-lui ce dont il a besoin et laissez-le s'exprimer, sans chercher à fausser ce qui est. Écoutez-le attentivement. Acceptez-le inconditionnellement et consolez-le, s'il en a besoin, avec vos propres mots. Témoignez-lui tout votre amour et toute votre compassion. Puis, prenez le temps de le serrer dans vos bras, jusqu'à sentir vos cœurs s'ouvrir l'un à l'autre et battre à l'unisson. Savourez ce moment aussi longtemps que vous en ressentirez le besoin. Enfin, promettez-lui qu'à l'avenir, vous vous efforcerez d'entretenir le lien d'amour qui vous unit, de revenir le voir de temps à autre et de prendre soin de lui, avant de le laisser repartir en l'accompagnant d'un regard bienveillant, jusqu'à ce qu'il disparaisse.

Analysez maintenant ce qui se passe en vous, jusqu'à reprendre conscience des sensations de votre corps. Prenez une profonde respiration, et lorsque vous vous en sentirez prête, rouvrez les yeux pour retourner définitivement dans le présent.

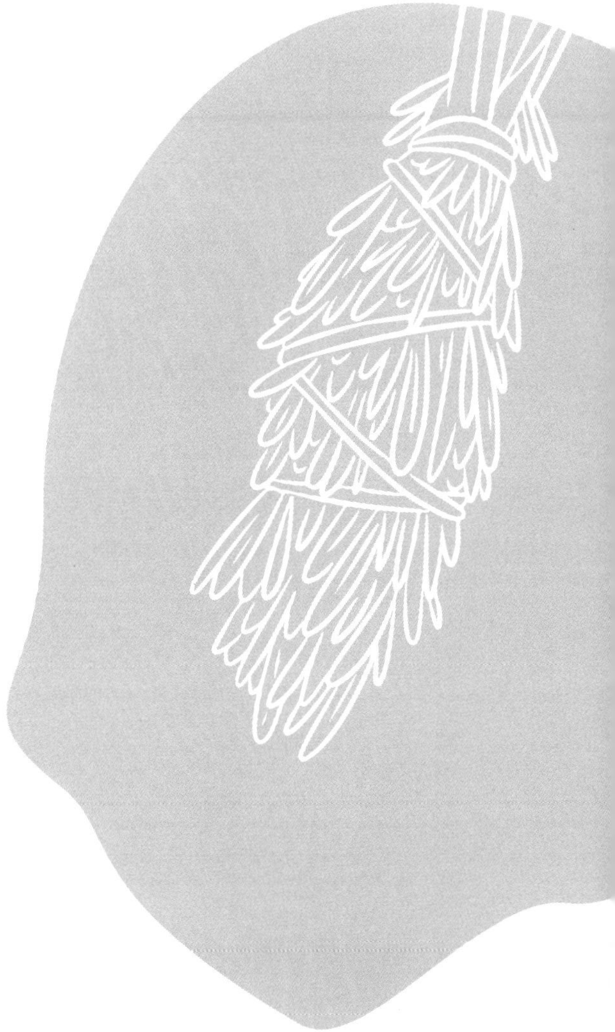

accueil émotionnel

La société nous apprend à réprimer nos émotions. Pourtant, elles sont le reflet d'une réponse intérieure, le signe qu'un désir ou qu'une absence de désir n'a pas reçu celle qu'il souhaitait. Elles sont un indicateur dans notre cheminement. L'émotion demande à être entendue, accueillie et rencontrée. Comme tout un chacun, nos émotions sont liées à nos empreintes, nos croyances et nos blessures. Elles permettent de se rencontrer et se libérer. Elles nous traversent et s'inscrivent dans notre corps. Si celles-ci sont refoulées, elles se cristallisent. Il est alors essentiel de décoder l'émotion et d'explorer ce qui existe lorsqu'elle s'exprime afin d'apprendre à l'accueillir pour la reconnaître et l'accompagner.

Plus l'émotion est refoulée et plus elle prend de la place à l'intérieur de nous. Il est donc préférable de l'accepter telle qu'elle est au moment où elle se manifeste, afin d'éviter toute forme de retentissement ou d'envahissement par la suite. En effet, accueillir son ressenti émotionnel permet d'être plus en phase avec soi-même et de se libérer.

Vous pouvez faire suivre le rituel ci-dessous par celui de la « libération émotionnelle » afin de purifier votre corps de toutes ces émotions négatives et passées et de ces blocages.

RITUEL

Les yeux clos ou ouverts, plongez dans votre intériorité. Placez-vous autant que possible dans une posture d'accueil, paumes tournées vers le ciel. Octroyez-vous un moment pour respirer lentement et profondément. Votre ventre rentre puis revient en son centre quand vous expirez et s'ouvre puis s'étend quand vous inspirez. Soyez attentive aux mouvements de votre respiration ventrale.

Abandonnez-vous à l'émotion qui vous traverse. Accueillez celle-ci telle qu'elle se présente dans votre corps. Autorisez-vous à comprendre sa signification avec détachement. Vous n'êtes pas votre émotion. En revanche, elle est la manifestation du sentiment qui vous habite à ce moment et est porteuse d'un message. Considérez ce qu'il en est. Écoutez ce que votre émotion vous chuchote. Acceptez-la, ressentez-la et créez du lien avec elle.

Progressivement, reprenez conscience de votre souffle. Observez de nouveau les allées et venues entre votre émotion et votre respiration. Amplifiez les mouvements de vos expirations et de vos inspirations et donnez à votre souffle davantage de présence. Petit à petit, il n'y a plus que lui et son trajet. À votre rythme, prenez le temps de revenir dans l'instant présent, en vous étirant et en bâillant, avant de rouvrir les yeux pour poursuivre sur la voie de l'accueil, de l'acceptation et de la libération.

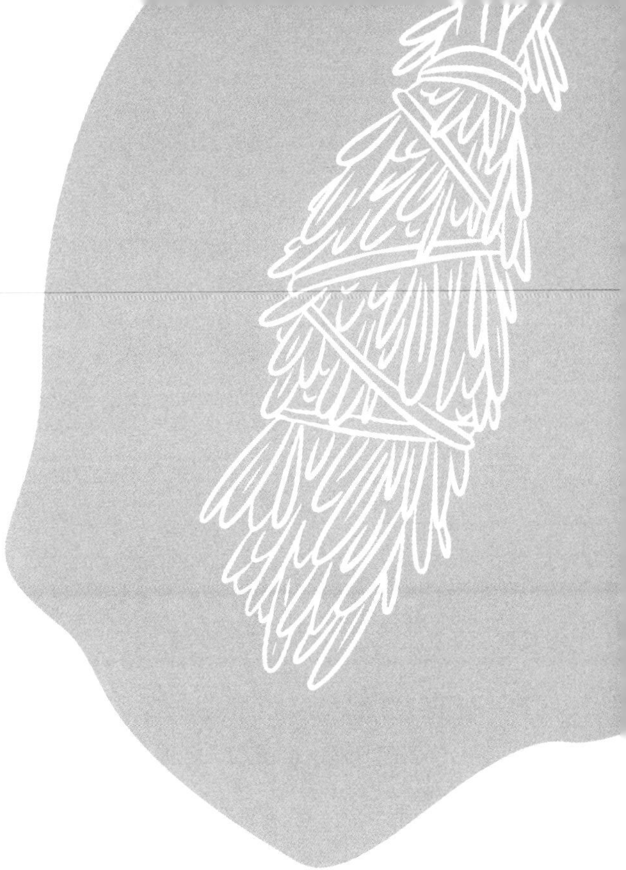

libération émotionnelle

Lorsque nous refusons d'accueillir une émotion douloureuse, qu'elle soit nôtre ou qu'elle appartienne à nos ancêtres, elle se cristallise dans nos cellules. Elle conditionne nos choix, nos relations et nos émotions et pourtant, plus nous résistons à nos souffrances du passé ou du présent et plus elles persistent et occupent de la place dans notre vie. Elles créent des pensées négatives, des blocages, des peurs, de l'anxiété. Cette mémoire cellulaire est présente aussi bien dans notre corps que dans notre âme et notre esprit. Toutefois, vient toujours un moment où elle demande à se libérer.

Habituellement, le corps sait. Il va chercher à se débarrasser de cette mémoire une fois qu'il a accumulé un tas de choses que nous nous sommes efforcées d'éviter, de pallier et contre lesquelles nous avons lutté, et que nous devons nettoyer. Alors, soit l'émotion va se mettre à crier plus fort dans tous vos corps jusqu'à devenir violente et dérangeante (en ravivant par exemple des traumatismes qui dormaient en vous jusqu'ici), soit elle va générer de petits tremblements qui vous feront comprendre que c'est le moment pour vous de vous défaire de toute forme de souffrance, quelle que soit la dimension dans laquelle elle s'exprime.

C'est pourquoi, lorsqu'une telle émotion se présente subitement ou qu'elle est déjà inscrite en nous, il est essentiel de l'accompagner sur la voie de la libération, d'en prendre conscience, de comprendre son origine, ses racines et ses causes.

En amont, je vous invite à réaliser le rituel « accueil émotionnel » et ensuite, si vous le souhaitez, à pratiquer le rituel de « danse instinctive », pour permettre à votre corps d'exprimer et de laisser l'émotion trouver sa voie de libération.

RITUEL

Fermez les yeux, et après quelques respirations, laissez remonter le ressenti émotionnel qui s'exprime dans l'instant.

Identifiez le ressenti d'une émotion inconfortable dans votre corps et déterminez là où elle se trouve. Il peut s'agir de la gorge, du plexus solaire, du ventre, de l'utérus ou de toute autre partie de votre corps. Prenez simplement conscience que tout ce que vous ressentez est le reflet de votre blessure qui s'exprime et ne demande qu'à se libérer. Laissez votre émotion vivre, exister. Considérez-la. Laissez-la évoluer tant dans votre corps que dans votre esprit. Écoutez et accueillez ses messages profonds, ses origines et ses causes. Embrassez-les et remerciez-les d'avoir existé. Puis, lorsque vous en ressentirez le besoin, inspirez profondément, contractez la zone de votre corps concernée autant que vous le pouvez, puis relâchez-la d'un coup en expirant, avec l'intention de vous libérer de cette émotion qui ne vous appartient plus.

Vous pouvez répéter le processus sur la même zone. Puis, pour terminer, créez une tension douce dans l'ensemble de votre corps pour libérer toutes les sources de tensions et crispations qui persisteraient.

Entre deux cycles, prenez le temps de ressentir la libération qui s'opère en vous et tous les liens dont vous vous détachez. Ressentez comme tout circule mieux dans votre corps. Revenez à une respiration calme et régulière par le ventre pour laisser place à la beauté de ce qui naît après la libération : la vie.

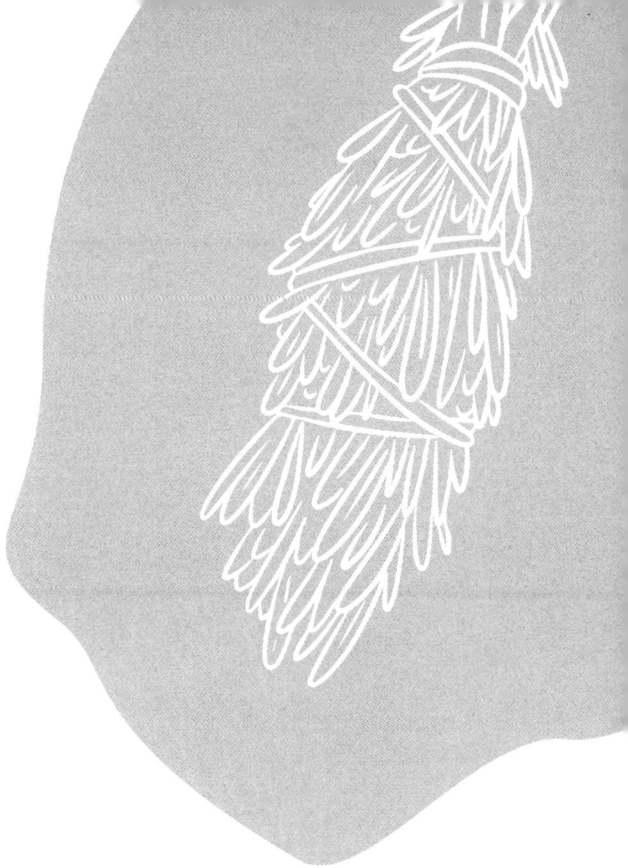

rituel du pardon

Nous sommes parfois prisonnières de liens ainsi que de sentiments destructeurs et inhibés depuis un conflit ou un traumatisme, datant parfois des générations qui nous ont précédées. Pardonner est une manière d'observer simplement ce qui est. C'est revenir à la source de nos maux pour solutionner un état de souffrance et se réconcilier avec nos empreintes de manière à ce qu'elles n'aient plus d'impact sur notre état, notre présent. En effet, même si ces blessures semblent lointaines, elles sont souvent profondément ancrées dans notre inconscient et conditionnent parfois notre vie. Les schémas qui y sont liés se répètent alors inlassablement sous des formes différentes jusqu'à ce que l'on en prenne conscience, que l'on puisse pardonner et se libérer de ces freins. Il est donc essentiel de faire place au pardon pour laisser au passé ce qui lui appartient et couper les liens toxiques.

Ce cheminement n'est pas une porte ouverte vers l'oubli, mais vers le pardon. Le pardon permet d'ouvrir et d'élargir de nouvelles voies pour l'avenir. Si, toutefois, des souffrances remontent à la surface après que vous avez réalisé ce rituel, vous pouvez tout à fait le recommencer autant de fois que nécessaire, cette fois-ci avec la ou les personne(s) qui vous ont fait du mal, qu'elles soient vivantes, décédées ou qu'elles appartiennent à votre héritage transgénérationnel. Vous pouvez également accomplir ce rituel avec des personnes que vous avez vous-même peut-être blessées. Dans ce dernier cas, il convient de se pardonner à soi-même pour ses maladresses, ses erreurs du passé, et de se débarrasser de tout sentiment de culpabilité ; de se pardonner et de s'aimer inconditionnellement.

RITUEL

Allumez une bougie, fermez les yeux et connectez-vous à votre être. Relâchez l'ensemble de votre corps. Sentez comme tout votre être se détend. Prenez conscience de votre présence. Abandonnez-vous en toute confiance et laissez l'amour envelopper votre corps. Puis, laissez émerger dans votre esprit une source de souffrance. Il peut s'agir d'un sentiment d'abandon, de rejet, d'injustice, d'humiliation, de trahison ou de toute autre émotion négative.

Visualisez cette situation avec la ou les personnes présentes qui vous ont offensée ou que vous avez peut-être blessée(s), en lien avec votre douleur qui s'exprime aujourd'hui. Laissez toutes vos émotions s'exprimer aussi intensément qu'elles le souhaitent, quelles qu'elles soient. Accompagnez-vous dans votre souffrance : prenez-vous dans vos bras, enveloppez-vous, réconfortez-vous, donnez-vous de l'amour et de la compassion. Et, une fois vos masques tombés, offrez votre pardon à cet autre qui vous a fait du mal ou que vous avez peut-être blessé. Pardonnez-lui ses fautes ; pardonnez-vous les vôtres.

Dans cet espace qui n'appartient qu'à vous, rassemblez toutes vos prières autour de l'idée de pardon. Pardonnez celui qui vous a fait du mal et présentez vos excuses aux personnes que vous avez pu faire souffrir. Exprimez-vous librement. Et libérez-vous mutuellement de toute forme de liens souffrants.

Enfin, reprenez conscience de votre souffle, de votre corps. Étirez-vous, bâillez et revenez dans l'instant présent. Éteignez la bougie.

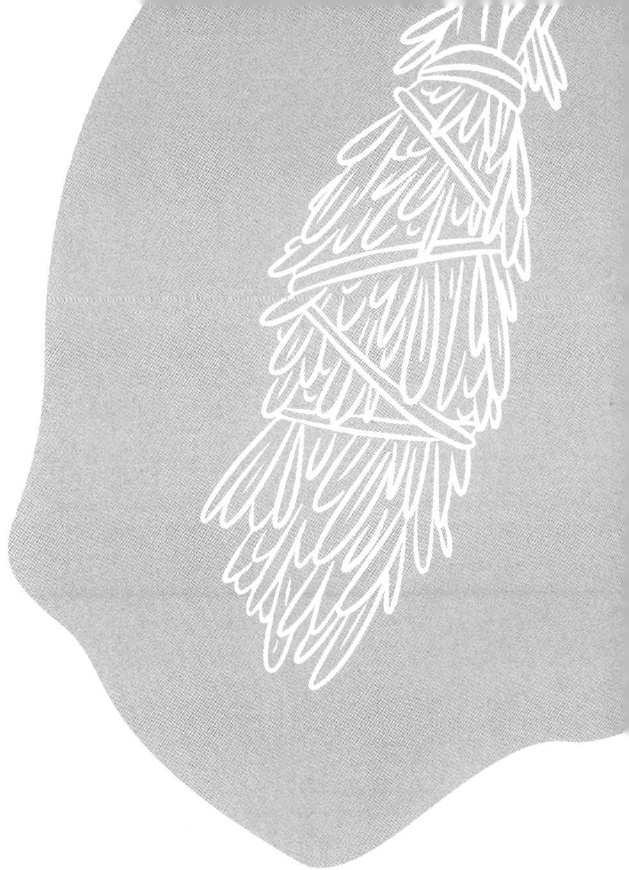

Connexion avec sa lignée de femmes

Se connecter avec les femmes de sa lignée est l'occasion de renouer avec ses ancêtres. Cela permet de sentir que l'on fait partie d'un clan, de se sentir soutenue, protégée, guidée et inspirée par toutes les femmes qui nous ont précédée. Ce rituel de connexion se fonde sur notre vécu et sert à nous apprivoiser et à apprivoiser notre héritage.

Lisez le rituel et suivez ce qui vous fait vibrer. Vous pouvez ainsi vous connecter à l'âme de l'une de vos ancêtres ou à ce qu'elle a transmis à sa descendance (et donc, à vous), mais également vous reconnecter à l'ensemble des femmes de votre lignée ; votre mère, votre grand-mère, votre arrière-grand-mère, votre tante, et le cas échéant, votre ou vos fille(s).

Suite à ce rituel, si vous sentez qu'il vous faut emprunter un chemin quelconque autour du pardon ou de la guérison, je vous invite à parcourir les rituels proposés dans cette partie du recueil et à écouter votre intuition.

RITUEL

Allumez une bougie pour marquer l'ouverture du rituel. Fermez les yeux et posez vos mains l'une contre l'autre au niveau de votre utérus. Prenez de profondes respirations et laissez vos expirations libérer ce lieu sacré de tous les éventuels blocages physiques, émotionnels ou énergétiques. Connectez-vous progressivement à votre essence la plus profonde. Puis, visualisez une à une la fille, la femme, la mère, la grand-mère et toutes les femmes qui vivent en vous. Prenez le temps de les observer, de les accueillir, de les laisser vivre et évoluer en vous dans les moindres détails. Si possible, rappelez-vous leur visage, leur corps, leurs mouvements, leurs postures. Laissez vos pensées, les souvenirs, les images, les sentiments qu'elles vous inspirent et toutes les sensations corporelles qui se manifestent refaire surface librement. Accueillez tout, sans juger : reconnaissez, pardonnez, remerciez, aimez, libérez, honorez et rendez hommage à chacune de ces femmes. De nouveau, concentrez-vous sur votre utérus et respirez profondément, avec le ventre. Et, à l'issue de cette connexion, inscrivez l'amour inconditionnel que vous portez à ces femmes dans toutes les cellules de votre utérus, de votre corps, de votre esprit et de votre âme, avant de rouvrir les yeux lorsque vous jugerez que le moment est venu. Vous pourrez ensuite éteindre votre bougie et ainsi clôturer le rituel.

guérison de sa lignée de femmes

Il existe des schémas destructeurs et des croyances que, de génération en génération, l'on répète ou transmet inlassablement, consciemment et inconsciemment. Ils entraînent des blessures, des non-dits, des déséquilibres et des blocages physiques, émotionnels et énergétiques. Pire, cet héritage influence considérablement les relations que nous avons avec notre lignée ainsi que notre manière d'être femme et mère. C'est pour cela qu'il est généralement difficile d'être heureuse et épanouie là ou sa propre mère ne l'a pas été. Voilà pourquoi il essentiel de déceler ces schémas et de les analyser, de couper les ponts avec cet héritage transgénérationnel douloureux qui ne nous appartient pas et de choisir de se soigner pour y mettre un terme, se libérer, libérer les femmes de sa lignée ainsi que les générations futures.

Il est temps de laisser derrière soi les empreintes qui nous font souffrir, d'accepter les femmes qui nous ont précédée, tout en nous libérant de tout ce qu'elles nous ont transmis de douloureux afin de renouer avec notre lignée et de reconstruire son histoire, sans jugement ni conditionnement. Il n'y a qu'ainsi que l'on pourra décider de notre héritage féminin et nous autoriser, enfin, à prendre la place qui nous revient dans cette lignée, en tant que femme libre.

Vous pouvez réaliser ce rituel indépendamment des autres ou à la suite du rituel « connexion avec sa lignée de femmes ». Puis, si vous en éprouvez l'envie ou le besoin, laissez-vous porter par le « rituel du pardon » concernant votre lignée tant maternelle que paternelle, afin de vous réconcilier avec vos ancêtres ou les choses qu'ils ont vécues.

RITUEL

Allumez une bougie pour marquer l'ouverture du rituel de la guérison. Fermez les yeux et posez une main contre votre cœur et l'autre au niveau de votre utérus. Visualisez une colonne d'air entre les deux et fluidifiez toutes les tensions qui persistent éventuellement à l'aide de votre souffle. Puis, connectez-vous profondément à votre féminin sacré, situé dans votre utérus.

Prenez tout votre temps pour vous connecter à toutes les femmes qui vivent en vous, qu'elles soient décédées ou vivantes. Imaginez-vous tenir la main de votre mère, qui elle-même tient la main de sa mère(votre grand-mère), et ainsi de suite. Soulevez alors les voiles qui vous séparent et laissez remonter à la surface les liens toxiques qui vous relient les unes aux autres. Prenez conscience des blocages, des schémas, des croyances, des maux et des blessures qui en découlent et se répètent depuis des générations. Rappelez-vous les histoires qui vous ont été racontées et affinez votre compréhension de celles-ci. Laissez remonter en vous toutes les émotions et sensations qui se manifestent.

Enfin, depuis l'espace du cœur, reconnectez-vous maintenant à l'héritage que vous souhaitez préserver pour enrichir et reconstruire vos liens de filiation avec ces femmes ainsi que pour occuper la place qui vous revient ici-bas, mais aussi au sein de votre lignée. Prenez conscience de l'amour, de la force, des joies, des encouragements mais aussi des pouvoirs que chaque femmes de votre lignée vous a laissé.

Visualisez une lumière irradier autour de votre arrière-grand-mère et l'illuminer complètement, puis autour de votre grand-mère, de votre mère et, enfin, accueillez cette lumière qui se diffuse dans tout votre être. Vibrez ensemble dans cette lumière emplie de nouvelles énergies aussi longtemps que nécessaire. Puis, remerciez les femmes qui vivent en vous. Vous pouvez les enlacer et les embrassez si vous le souhaitez, avant de rouvrir les yeux et d'éteindre la bougie pour clôturer ce rituel de guérison.

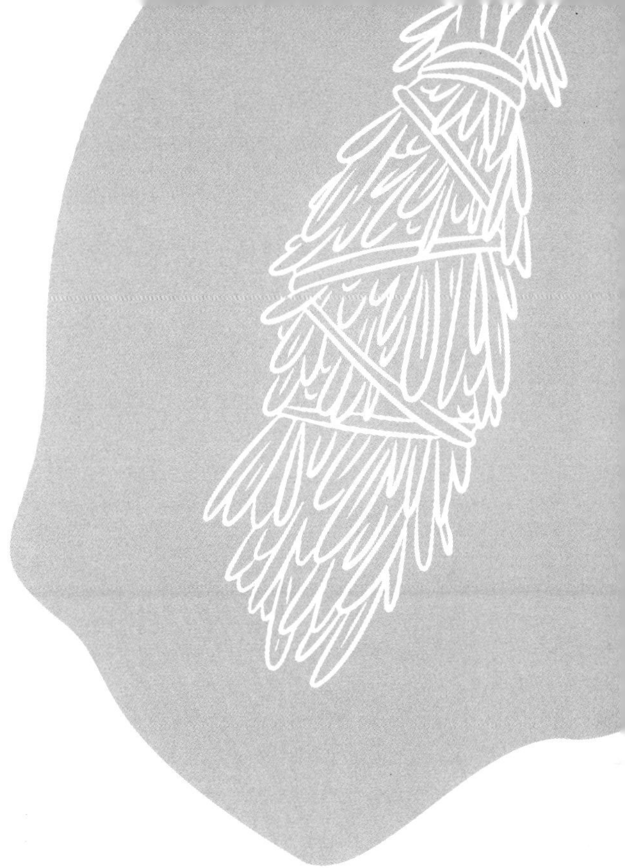

se réaligner sur son identité

L'utérus est, pour celles qui en sont dotées physiquement ou spirituellement, le siège de leur identité. Par son vécu transgénérationnel, il représente l'identité de la femme et des femmes de sa ligné, leur identité sociétale, la place au sein de la lignée et de la société mais aussi les convictions, les valeurs et les blessures de toutes les femmes de la lignée.

Si l'on est de genre féminin, il se peut que l'utérus puisse se manifester par des douleurs, des maladies ou des déséquilibres au niveau de son cycle et de sa féminité pour exprimer une perte ou une dysharmonie de son identité.

Ces douleurs sont un indicateur. Elles servent à nous questionner pour s'ouvrir à l'alignement. Celui-ci permet d'explorer les blessures vécues par sa lignée, d'entamer son propre cheminement dans sa féminité, de comprendre quelle est sa place et quels sont ses mécanismes de défense suite à un choc ou traumatisme, mais aussi de déterminer les sources de stress qui peuvent modifier son comportement, et de ce fait, créer un désalignement identitaire.

En effet, l'utérus abrite l'identité profonde de chaque femme, par ailleurs souvent ignorée, voire négligée. C'est de là que vient la sensation de ne pas se sentir à sa place.

Chaque femme est composée d'un corps, d'un esprit et d'une âme qui, ensemble, forment un tout. C'est pour cela que chaque femme est invitée en permanence à se ressourcer et à se recentrer pour ne pas se perdre dans ce qu'attendent d'elle sa lignée et la société. Pour ce faire, il faut déconstruire l'identité illusoire que nous nous sommes créée pour complaire à notre lignée ou à la société et reconstruire un

« soi » véritable, libéré de tous les schémas et conditionnements, en respectant ses valeurs et ses convictions.

La notion d'identité est en effet très large et peut également être influencée par nos lignées transgénérationnelles. Auquel cas, il sera essentiel d'essayer de se connecter à celles-ci pour les guérir, et de travailler autour de la mémoire cellulaire de notre utérus.

RITUEL

Prenez le temps de vous installer confortablement. Pendant quelques minutes, les yeux clos, prenez conscience de votre souffle, de son rythme, de son trajet et des pauses naturelles qu'il effectue. Ouvrez-vous à tous les possibles pour trouver des réponses à vos questionnements en rapport avec votre identité. Laissez exprimer ce qui remonte naturellement et qui aurait pu inhiber votre identité ou vous en éloigner.

Visualisez toutes les situations dans lesquelles vous vous êtes sentie coupée de votre conscience. Laissez votre corps, mais également l'ensemble de votre sphère féminine, se manifester, que ce soit par des fourmillements, des crampes ou toute autre sensation déplaisante. Prenez le temps de ressentir les maux de votre corps. Laissez ses messages s'exprimer et évoluer. Puis, progressivement, essayez de vous connecter à vos émotions. Interrogez-vous sur tout ce qui pourrait ne plus être aligné avec votre identité en tant que femme ou votre féminité. Restez ouverte et soyez prête à recevoir les réponses à vos questions.

Lorsque vous aurez pu faire le lien entre tous ces éléments grâce à cette exploration, laissez spontanément venir à vous votre système de valeurs, de croyances et de besoins. Laissez-les prendre place en vous. Pendant quelques minutes, sur chaque inspiration, sentez vos cellules se réveiller et s'ouvrir, et sur chaque expiration, sentez ces convictions et valeurs s'inscrire dans toutes les cellules de votre corps. Laissez-les progresser jusqu'à votre sphère sacrée. Ce sont elles qui serviront à ancrer votre reconstruction et à vous aider à maintenir votre positionnement quotidien.

Avant de rouvrir les yeux, engagez-vous envers vous-même à rester fidèle à votre identité en toutes circonstances, à évoluer et à transcender vos schémas, mais également à vous montrer sincère dans votre relation à l'autre et au monde.

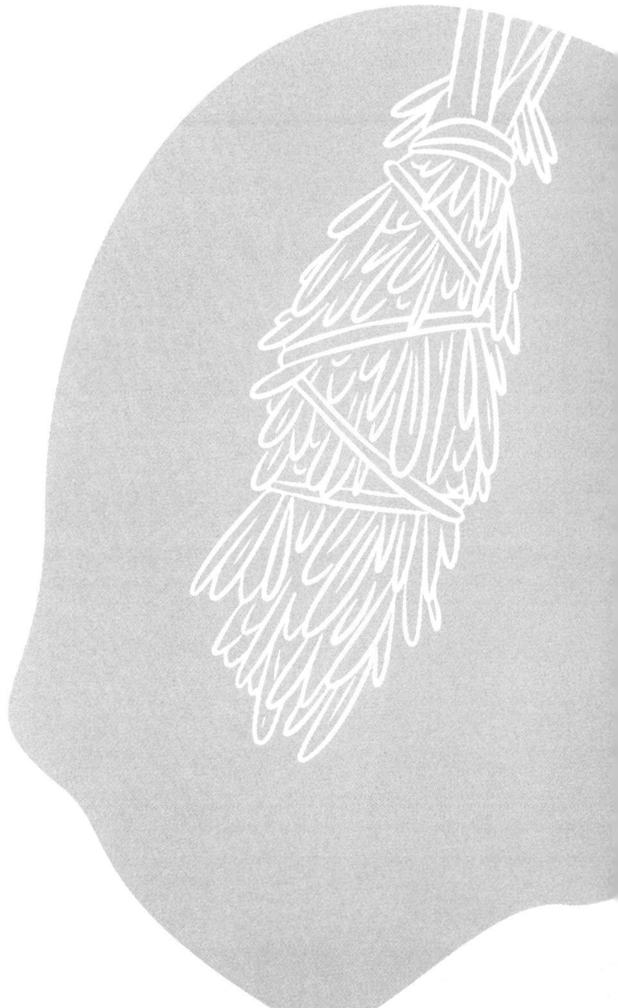

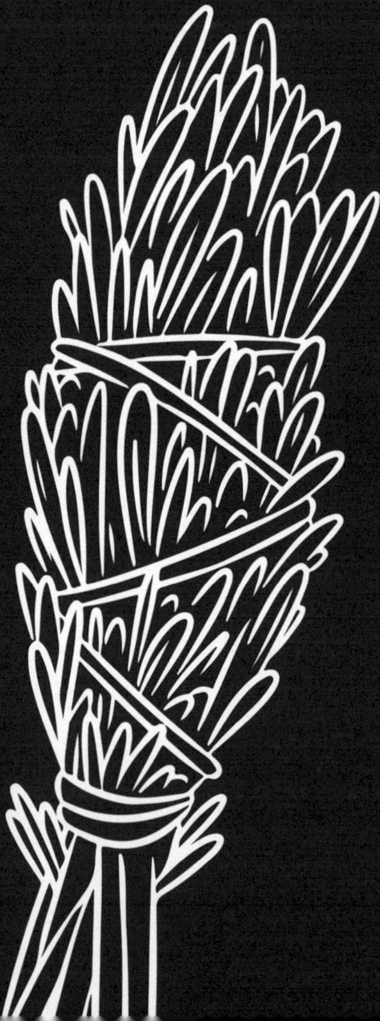

guérison cellulaire

Nos cellules portent en elles les traces énergétiques du passé, dont les blocages, les croyances et les violences ainsi que les empreintes de notre lignée. Les maux de la femme ont tous une signification. Les analyser lui permet de mettre en lumière les messages que son âme souhaite lui transmettre sur la voie de la libération et de la guérison.

Accepter ses maux participe au processus de guérison. Le côté droit du corps est lié à la relation au père et à l'homme de manière générale. Il représente l'avenir. Le côté gauche, quant à lui, est lié à la mère, aux femmes et à la manière dont on se traite. Il symbolise le passé et les racines de sa lignée de femmes. Pour traiter ces maux, il faut se réaligner avec son identité, ressentir, observer, identifier et comprendre comment son corps fonctionne, pour arrêter de le négliger et renforcer l'image que l'on a de soi. Cela passe aussi par ses cellules, qu'il faut chérir. Il est important de mettre en valeur son corps et l'ensemble de son être, pour faciliter sa propre guérison.

Tous les maux, des plus quotidiens aux plus subtils en passant par les maladies, pathologies, traumatismes et interventions chirurgicales (telles qu'une césarienne, une ablation partielle ou totale de l'utérus), représentent un stress pour le corps, l'âme et l'esprit. Ils entraînent chacun de profondes blessures, qui peuvent être soulagées par une régénération cellulaire ou par un exercice de visualisation sur la voie de la transformation et de la guérison.

RITUEL

Prenez quelques minutes pour méditer avec l'intention de vous reconnecter à votre corps, et plus particulièrement au symptôme qui demande à être considéré et soulagé. Entrez en communication avec votre inconscient et avec votre mémoire cellulaire et demandez-leur pourquoi une douleur se manifeste à cet endroit de votre corps[5]. Écoutez le message que ce dernier a à vous transmettre. Reliez votre âme à votre corps. Puis, identifiez les cellules souffrantes ou déficientes et concentrez-vous sur elles. Visualisez leur couleur, leur aspect et leur forme et imaginez-les comme des points isolés de votre corps.

Repérez maintenant les éléments réparateurs et régénérateurs dont ces cellules ont besoin. Sollicitez leurs ressources et renforcez-les par la puissance de votre pouvoir de guérison en vous représentant son effet sous la forme d'une lumière dorée. Imaginez cette lumière reconstruire vos cellules. Laissez-la lutter contre vos maux, combattre et œuvrer sans relâche, et observez sa progression ainsi que ses bienfaits.

Visualisez vos cellules en train de se régénérer, de renaître progressivement. Percevez leur vitalité et leur énergie. Imaginez vos cellules se renforcer et s'amplifier sans limites. Prenez conscience de leur bon fonctionnement. Projetez-vous mentalement de nouveau dans quelques heures, quelques mois ou quelque temps après cette première fois. Imaginez que vous avez su apaiser votre douleur. Vous êtes désormais emplie de lumière. Vos maux appartiennent au passé. Intégrez les sensations qu'a provoquées en vous cette guérison.

Rappelez-vous que ce pouvoir curatif reste présent en vous. Pensez à l'activer au quotidien pour panser tous les maux qui se manifestent, autant de fois que nécessaire. Reconnectez-vous à l'entièreté de votre corps et à la beauté de la vie.

5. Si jamais une douleur ne passe pas ou si vous êtes dans le doute, n'hésitez pas à demander une aide extérieure en allant consulter un médecin. Il se peut que certains symptômes soient le reflet d'une pathologie ou d'une maladie à déceler et à soigner. Le rituel de guérison cellulaire sera alors un accompagnement parallèle à la médecine allopathique et naturelle.

s'ouvrir à son intuition

La femme est naturellement reliée à son instinct. Elle est dotée de profondes et puissantes intuition et spiritualité. Elle sent, ressent en permanence. Elle sait et reconnaît ce qui est en elle, mais perçoit également les énergies extérieures, qu'elles proviennent des émotions de l'autre, d'une situation particulière, de la nature, etc.

S'ouvrir et se reconnecter à son intuition permet de trouver les réponses qui existent déjà en soi, qui ne demandent qu'à refaire surface, à vivre et à se concrétiser. L'intuition nous relie à notre petite voix intérieure ; celle qui nous donne une direction à suivre et apporte de la clarté aux messages envoyés par notre corps. Au-delà de la raison, des pensées et des peurs, elles nous guident, car c'est la première réponse qui nous vient à un questionnement ou qui suit une prise de conscience intérieure.

Pour reprendre contact avec votre intuition, vous devez accepter de lâcher prise sur vos croyances et vos attentes, afin d'accueillir sans souci la réponse qui se présentera spontanément à vous. C'est elle qui sera la plus juste, quelle qu'elle soit et même si vous n'en saisissez pas tout de suite le sens ni l'essence. Vous comprendrez tôt ou tard pourquoi elle vous est venue et vous découvrirez que vous êtes à votre place.

Plus vous vous connecterez à votre intuition et plus elle se manifestera au cours de votre cheminement. Ayez confiance en elle et en vous.

RITUEL

Prenez un temps pour prendre une profonde inspiration et ouvrez-vous à votre intuition. Questionnez-vous sur une décision ou un chemin à prendre, le premier qui vous vient, et sentez comment votre corps réagit. Écoutez attentivement la première réponse qui vous vient, en vous imprégnant de signes, de nouvelles sensations, de mots ou de toutes sortes d'images qui se présentent intuitivement à vous avant même de considérer vos peurs, vos incertitudes et vos croyances éventuelles.

Prêtez l'oreille à votre petite voix intérieure. Soyez simplement réceptive aux messages et aux sensations de votre corps : il peut s'agir d'une douleur, d'une sensation d'oppression ou, au contraire, d'une impression de légèreté, de joie ou une sensation d'ancrage. Prenez conscience de vos ressentis, ici et maintenant. Ils savent quel chemin il vous faut emprunter, sauront vous guider sur celui-ci ou si vous devez le prendre ou non. Écoutez votre corps. Il sent. Il sait. Il vous guide. Prenez une profonde inspiration pour inscrire son message en vous et, en expirant, efforcez-vous de manifester un profond sentiment de gratitude envers votre intuition, avant d'ouvrir les yeux et de plonger là où celle-ci vous guide.

s'éveiller à sa sexualité

Autrefois, la sexualité des femmes a été cachée, méprisée, stigmatisée. Sur la voie de l'éveil de la sexualité sacrée, il est important de se libérer de ses complexes et de ses blocages.

Il est nécessaire pour les femmes d'aujourd'hui de déconstruire ces idées reçues pour s'abandonner et s'éveiller à la féminité, la sensualité et l'érotisme. Les femmes déjà sur le chemin du féminin apprennent à lever les tabous, à se connaître, à se donner du plaisir et à en recevoir. Elles respectent leurs envies et sont au fait que leur consentement compte. Elles sentent, ressentent, s'écoutent et, surtout, s'expriment. Elles sont plus ouvertes à la découverte, à l'expérimentation, à la création.

S'éveiller à sa sexualité permet à la femme de se dévoiler à elle-même, mais aussi à l'autre. Dans ce second cas, elle sait comment communiquer ses besoins, sans les juger, et faire la différence entre fantasme et réalité. En s'éveillant, elle se libère et peut retrouver sa puissance sexuelle, aussi subtile que puissante et créatrice. Tâchez de vous éveiller à votre sexualité sacrée, dans toutes ses formes et ses dimensions.

RITUEL

Seule ou avec un ou une partenaire, les yeux clos, prenez conscience de votre corps. Commencez par vous détendre et soyez prête à vous laisser aller. Sentez les sensations agréables qui parcourent votre corps. Amplifiez votre respiration pour mobiliser votre énergie sexuelle. Dirigez votre respiration et votre énergie sexuelle, sensuelle, dans votre bassin et votre utérus. Laissez-la descendre le long de votre vagin et s'étendre jusqu'à votre vulve. Abandonnez-vous à ce flux de vie qui emplit l'ensemble de cette dernière, y compris votre clitoris.

Laissez votre plaisir s'éveiller doucement. Sentez comme, progressivement, une sensation de chaleur se répand dans votre vulve, puis remonte progressivement le long de votre vagin. Laissez affluer vos désirs et vos envies. Explorez les différentes parties de votre sphère gynécologique, depuis votre bas-ventre jusqu'à la vulve, et inversement : effleurez-la, caressez-la, stimulez-la et attardez-vous sur les zones érogènes de votre corps, sans oublier les seins.

Accueillez pleinement toutes ces nouvelles sensations et vibrations. Soyez à l'écoute de vos sensations et réceptive aux messages corporels qui vous parviennent à cet instant. Tout en restant consciente de vous-même, laissez-vous aller aux mouvements et ondulations dictés par vos énergies sexuelle, sensuelle et créatrice, vos envies et vos ressentis, pour découvrir votre sexualité sacrée. Osez partir à la rencontre de cette dernière et sentez comme cette effervescence monte en vous jusqu'à ressentir du désir ou atteindre un orgasme, qu'il soit vécu individuellement ou avec votre partenaire.

vœux de nouvelle lune

Invisible dans le ciel, l'énergie de la nouvelle lune peut être puissante. Elle marque le début d'un nouveau cycle et symbolise le renouveau. La nouvelle lune est une période d'obscurité et de repos, mais ses énergies continuent de soutenir les rêves, les souhaits et les désirs.

La nouvelle lune incarne la renaissance et l'introspection. Les vœux de la nouvelle lune permettent à la femme de grandir et d'évoluer spirituellement. C'est d'ailleurs durant la nouvelle lune que vos inspirations et aspirations peuvent s'enraciner en vous de manière optimale. C'est pour cette raison que je vous ai invitée à donner naissance chaque mois à de nouvelles intentions aux alentours de cette période, en renouvelant celles déjà existantes ou en en affirmant de nouvelles, comme si elles étaient déjà réalisées.

Veillez à formuler vos souhaits de manière claire et positive, en utilisant le « je », au présent. Par exemple : « Je suis épanouie dans ma sexualité. » De même, restez ouverte et soyez prête à voir votre souhait être exaucé. Il est cependant naturel que vos vœux évoluent avec le temps et suivent vos envies et vos saisons de vie. Ne vous fermez pas aux nouvelles expériences, pas plus qu'à toutes les opportunités qui pourraient se présenter à vous au cours de ce nouveau cycle.

N'hésitez pas à exécuter ce rituel selon ce qui vous fait vibrer dans les vingt-quatre à quarante-huit heures suivant la nouvelle lune.

RITUEL

Préparez l'espace qui vous accueillera pour vous y sentir bien et allumez une bougie afin d'ouvrir le rituel. Connectez-vous à l'énergie lunaire et à ses énergies avec une invocation de votre choix. Puis, concentrez-vous sur les sensations de votre corps, avant de donner naissance à vos souhaits et de formuler vos intentions pour le cycle à venir. Visualisez-les, couchez-les sur une feuille blanche, puis énoncez-les à voix haute pour leur donner corps dans la réalité. Cela vous permettra de concrétiser vos souhaits et de les voir se transformer à mesure qu'ils évoluent et se réalisent. Il est essentiel, pour cela, de formuler vos vœux par des phrases au présent, dans une forme affirmative, et d'être le sujet même de vos intentions.

Écrivez entre deux et dix vœux, peu importe leur force, leur forme ou leur simplicité. Terminez en pliant délicatement votre feuille. Placez-la sous votre bougie jusqu'à la prochaine pleine lune. Clôturez le rituel en remerciant la Lune. Restez aussi longtemps que nécessaire connectée à vos vœux et éteignez la bougie.

Vous pourrez modifier vos vœux lors du « rituel de pleine lune » ou simplement faire un point sur l'avancée de vos souhaits et de vos intentions, afin de les adapter si besoin est ou de les voir évoluer à la prochaine nouvelle lune.

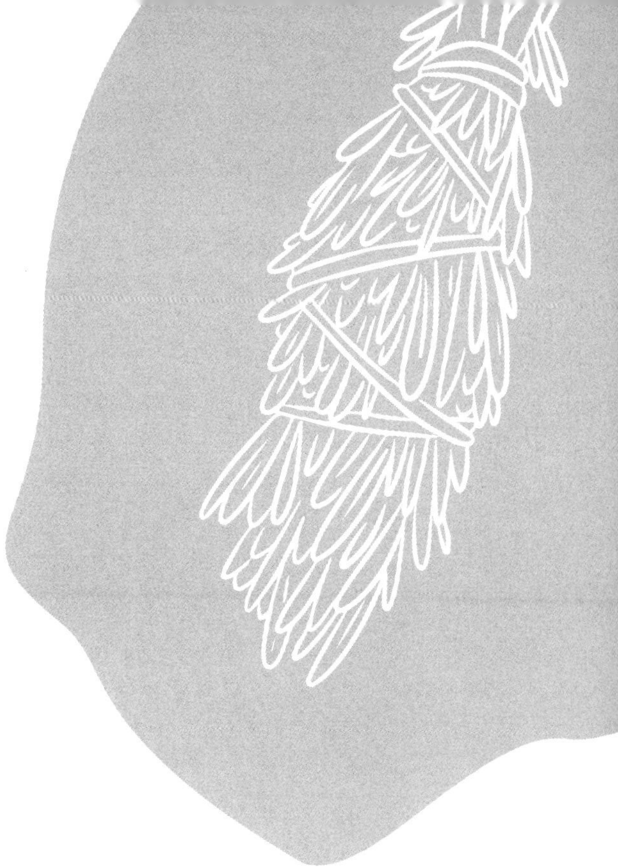

rituel de pleine lune

Les femmes sont plus ou moins « cosmiques » et sensibles à l'approche de l'astre du féminin, la Lune. Celles qui le sont peuvent ressentir des difficultés à s'endormir, se réveiller au cours de la nuit, faire des cauchemars... La pleine lune perturbe le sommeil, mais peut également entraîner de la nervosité, une versatilité, une fragilité veineuse, des cystites, des mycoses, des douleurs articulaires ou encore faire remonter des angoisses anciennes...

Parallèlement, la pleine lune invite la femme à se reconnecter à sa spiritualité et sa féminité sacrée. Elle permet de se délester de tout ce qui encombre le corps, l'esprit et l'âme, et ses énergies sont purificatrices. Ainsi, elle nous accompagne pour nous libérer d'une habitude ou de croyances, mais aussi des mauvaises vibrations de notre environnement.

Pour ouvrir le rituel proposé ci-dessous, vous pouvez faire brûler du bois de palo santo ou tout autre bâton de fumigation, et en répandre la fumée dans le lieu qui vous accueille afin d'éliminer les énergies négatives actuellement à l'œuvre. N'hésitez pas non plus à profiter de la pleine lune pour effectuer vos rituels et consulter vos oracles, car votre intuition est alors plus puissante. À la suite de ce rituel, je vous invite à réaliser celui du « bain de lune », pour permettre aux énergies puissantes de la pleine lune d'emplir tout votre corps.

RITUEL

Après avoir nettoyé le lieu qui vous accueille, allumez une bougie afin de marquer le début du rituel. Installez-vous confortablement pour méditer à la lumière de la lune. Recentrez-vous sur vous-même et faites le point sur ce qu'ont donné les intentions que vous avez formulées à la nouvelle lune, et prenez conscience de ce qui vous encombre, pour vous libérer de tout sentiment de colère, dans un espace bienveillant et exempt de jugement.

Lâchez prise, remerciez-vous, pardonnez et laissez place à la gratitude. Puis, dès que vous avez pu mettre en lumière votre cheminement, notez spontanément sur un papier toutes les choses dont vous souhaitez vous délester et vous libérer durant cette pleine lune. Cela vous permettra de vous débarrasser d'une habitude, d'une croyance ou de blessures qui vous entravent. Puis, une fois cette étape terminée, brûlez votre feuille en la plaçant au-dessus de la flamme de la bougie. Laissez-la se consumer en restant concentrée sur cette flamme.

Restez un moment à l'écoute de votre ressenti suite à cette libération, puis remerciez la pleine lune pour tout le reste. Éteignez la bougie pour clôturer ce rituel.

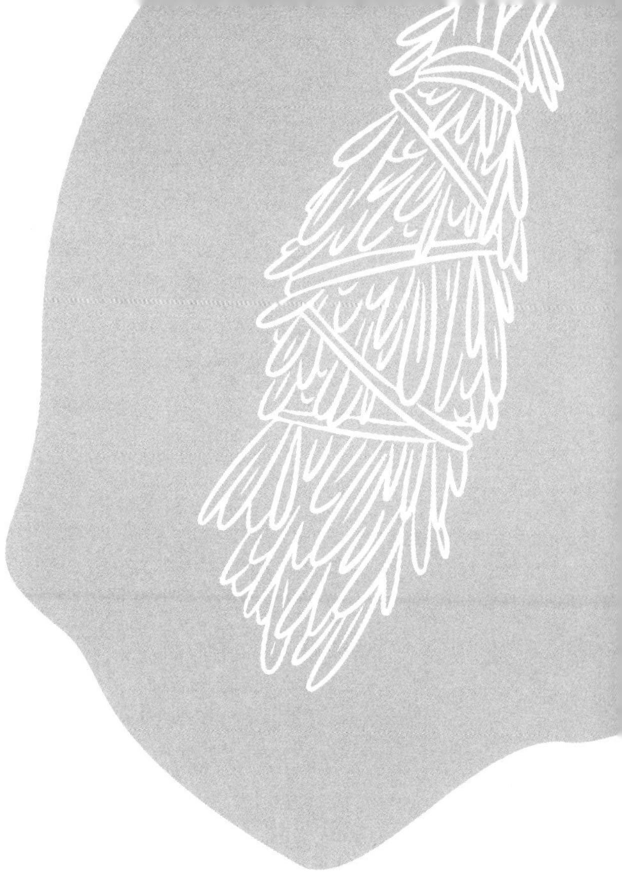

bain de lune

La pleine lune est le point lunaire culminant, le moment où les énergies de la Lune sont le plus puissantes. Elles éveillent la femme à son intuition, la rendent plus réceptive et la plongent dans toute sa spiritualité.

Profitez donc d'une nuit de pleine lune pour vous exposer à sa lumière. Ce bain de lune vous permettra de libérer votre âme de ses maux et de ses blessures, de réduire le stress et l'anxiété, mais aussi de profiter des bienfaits de cet astre sur la régularisation du cycle hormonal. Ce faisant, vous pourrez augmenter la fertilité et l'équilibre de votre corps. Idéalement, pour effectuer ce rituel de bain de lune, trouvez un lieu en extérieur dans lequel vous vous sentez pleinement en sécurité. Si, toutefois, cela ne vous est pas possible, ouvrez simplement vos volets pour profiter de la lumière de la lune, près d'une fenêtre, dans le silence de votre foyer. En amont du rituel, remplissez d'eau un récipient dans lequel vous pourrez ajouter du miel et des pétales de roses éventuellement. Exposez-le au clair de lune pendant une heure, puis buvez cette eau énergisée.

Enfin, créez une atmosphère paisible en allumant de l'encens et en dispersant des pétales tout autour de vous. Passez une tenue légère, qui vous est chère, ou pratiquez le rituel nue, si vous le désirez.

RITUEL

Méditez un moment afin de vous détacher de ce qui n'a plus sa place dans votre vie, de manière à ramener le calme dans celle-ci. Associez une intention à votre rituel : des vœux de guérison, d'aide pour surmonter une épreuve, ou simplement le souhait de voir les énergies lunaires vous pénétrer.

Connectez-vous aux énergies du lieu qui vous accueille, qui devrait vous inspirer un profond sentiment de sécurité. À l'extérieur, allongez-vous ou asseyez-vous sur une couverture, à même la terre. À l'intérieur, placez-vous près d'une fenêtre. Sentez comme les rayons de la lune recouvrent peu à peu votre corps tout entier, et laissez-les vous imprégner, vous pénétrer et emplir tout votre corps de leur énergie. Laissez votre peau absorber le clair de lune pendant au moins trente minutes pour nourrir votre être de toute la force lunaire dont il a besoin afin de rayonner pleinement de toute sa lumière.

Exprimez toute votre gratitude, à voix haute ou intérieurement envers la Lune et son aide dans votre cheminement, avant de revenir dans l'instant présent pour lui offrir un présent, comme des fleurs, des pétales séchés, des pierres, un chant, etc.

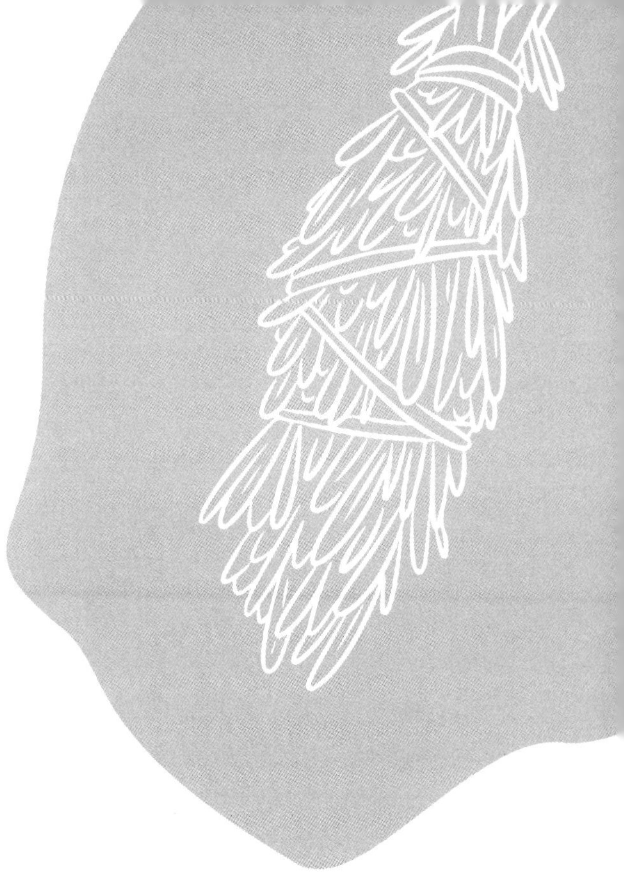

chant intuitif

Depuis la nuit des temps, le chant permet de transmettre et d'expérimenter, mais aussi d'explorer et de découvrir son intériorité, et d'entendre sa voix dans une dimension intuitive et holistique. En effet, que ce soient les chamans, les guérisseurs, les sorcières ou même les esclaves et les ouvriers, tous avaient en commun de pratiquer le chant, pour transmettre des émotions ou des informations, s'exprimer, se guérir ou s'encourager. On retrouve cela dans chaque tribu, chaque culture, encore aujourd'hui.

Le rituel ci-dessous vous propose de chanter pour vous relier à votre cœur, à vous et à votre intériorité, sans contrainte ni inhibition. Le chant permet une connexion entre votre voix et votre corps, menant à la libération de maux jusqu'ici insoupçonnés. Il vous faut trouver votre propre mélodie. Ce chant qui, comme une ancre, vous apaisera instantanément, vous emplira d'amour et de joie. Vous pouvez, si le cœur vous en dit, vous accompagner de percussions instrumentales ou corporelles.

Vous pouvez tout à fait chanter pour vous-même, pour entrer en communion avec la nature, pour votre enfant (qu'il soit à naître ou déjà né), pour vous reconnecter à l'autre et au monde visible et invisible.

RITUEL

Pour commencer, prenez de profondes respirations, amples et prolongées, en cherchant à vous reconnecter à vous-même, votre souffle et votre corps. Puis, à votre rythme, commencez, sur chaque expiration, à créer de l'espace dans votre gorge. Émettez des vibrations, de longs soupirs, puis des sons plus profonds.

Sur chaque inspiration, concentrez-vous sur la circulation de l'air dans votre gorge et la libération de cette même zone. Puis, progressivement, sans vous restreindre, laissez émerger votre propre chant sacré en laissant la part belle à l'improvisation.

Votre voix n'attend que d'être libérée. Laissez-vous emporter par les sons, le souffle et le chant qui ne demande qu'à s'exprimer. Lâchez prise. N'ayez aucune attente et laissez-vous simplement guider par ce chant, qui part de votre moi profond pour émaner dans la réalité, porté par le flux de votre intuition.

Chantez autant de temps que votre corps vous le demande et, lorsque le moment viendra, laissez le silence reprendre ses droits en vous et autour de vous. Sentez comme votre être est désormais empli de vibrations plus fortes.

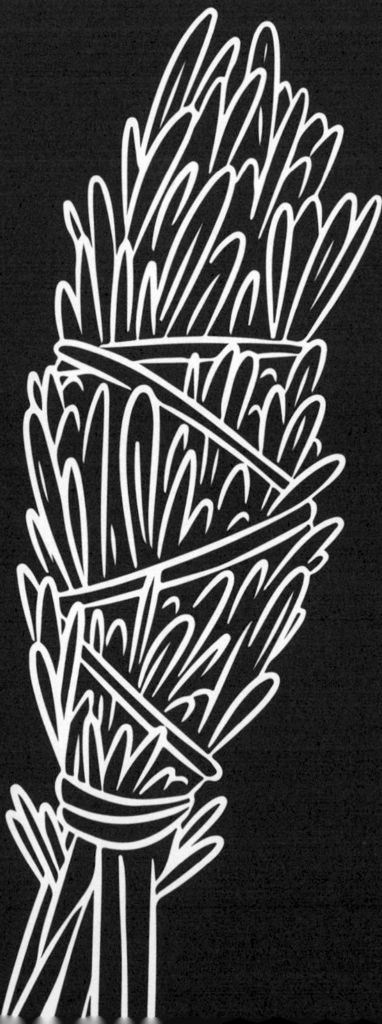

danse instinctive

La danse instinctive est un moyen d'entrer dans un état de conscience particulier et de ressentir pleinement son corps afin d'exprimer son essence profonde, en se connectant à notre être. Cette danse participe à un processus d'autoguérison qui permet de se connecter à son corps, à son esprit et à son âme par le mouvement.

Il s'agit d'une danse libre, spontanée, permettant de faire abstraction de ses inhibitions, de ses empreintes et de ses blessures afin d'aider notre être à lâcher prise, à s'exprimer et à se libérer. Grâce à elle, il est possible de se défaire de ses masques, de ses jugements, de ses croyances, mais également de libérer des tensions, émotions et énergies inconsciemment bloquées pour les laisser circuler en soi. La danse instinctive permet aux femmes de reprendre pleinement conscience de leur corps, de leur ventre et de leur utérus pour se libérer du passé et se reconnecter à leur sensualité et leur sexualité.

Pour la pratique, veillez à vous vêtir amplement et à vous installer dans un lieu où vous ne serez pas dérangée. Lancez une musique aussi douce que stimulante, invitant à l'imagination et la créativité, de manière à permettre à votre corps de se libérer.

RITUEL

Fermez les yeux, prenez quelques respirations profondes et écoutez tous les sons, les bruits et les vibrations qui vous parviennent jusqu'à vous focaliser davantage sur les sons de plus en plus proches, tels que votre souffle, votre corps. Prenez le temps de vous concentrer sur la vie qui anime votre corps et qui ne demande qu'à se mettre en mouvement. Puis, laissez celui-ci s'exprimer en repensant à un souvenir, un thème, une émotion. Associez une intention à votre danse et créez un premier balancement. Laissez votre corps aller et venir, puis partir à la rencontre de vous-même et de ce qu'il souhaite instinctivement mettre en mouvement. Laissez-le danser de manière lente, rapide ou saccadée, dans la créativité de l'instant.

Dansez pour vous-même, avec vous-même. Laissez toutes les possibilités à votre corps d'exprimer sa féminité, sa sensualité, ses pouvoirs. De même, laissez circuler ce qui est enfoui, comme votre histoire, vos émotions du moment, qui ne demandent qu'à émerger et à être libérées par le mouvement, sans limites ni contrainte.

Continuez autant de temps que vous le souhaitez, jusqu'à retrouver votre immobilité. Sentez votre corps retrouver le chemin du présent, être de nouveau à l'écoute des sons et vibrations à l'intérieur de vous, puis de ceux à l'extérieur. Enfin, rouvrez les yeux.

CONCLUSION

Chères femmes, chères sœurs,

Nous sommes en juillet 2021, je corrige ce recueil pour la dernière fois et à partir d'aujourd'hui mes mots sont figés. *Femme cyclique* sortira dans deux mois, là où un an plus tôt, tout a commencé dans ce perpétuel cycle de mort et de renaissance. Cette année aura véritablement été la plus bouleversante et sombre que la vie m'ait amenée à vivre jusqu'ici, elle a été aussi la plus puissante que j'ai eu à traverser. C'est de loin une année de libération, de déconstruction, de reconstruction et d'exploration de mon identité profonde que je suis en train d'intégrer et consolider.

J'ai l'immense honneur d'avoir pu faire entendre ma voix et espère que vous aurez pris autant de plaisir à explorer votre cyclicité et à la ritualiser que j'en ai eu à vous transmettre tout ce savoir au travers de ces pages.

La lecture de ce recueil nous a permis de créer un clan et une puissante connexion entre nous, dont je ressens déjà toutes les belles vibrations dans leur plus pure expression. Ce clan sera un moyen de guérir, guérir nos familles, nos générations futures et le monde.

Pour tout cela, remerciez-vous.

REMERCIEMENTS

En premier lieu, je tiens particulièrement à rendre hommage et à remercier les hommes qui ont partagé ma vie et la partagent encore aujourd'hui. Mon grand-père, Paul, dont chaque souvenir est synonyme de rire, de partage et de joie. Mon père qui, quoique silencieux, a toujours été une ancre terriblement précieuse pour moi, surtout lorsqu'il m'ouvre ses bras. Mon mari, celui qui partage ma vie, m'aide à apprivoiser et accueille chaque jour ma nature cyclique avec un regard bienveillant. Et bien évidemment, mon fils, qui en plus de m'avoir changée, a changé ma vie à tout jamais. Il m'a fait explorer mes côtés les plus sombres, mais aussi les plus lumineux. Merci de m'avoir choisie pour être ta maman.

Je remercie ma grand-mère, Maria-del-Carmen, qui me guide depuis ses nuits éternelles et dont j'entends encore la voix, les chants et les fredonnements. Je remercie ma mère, qui a toujours été présente, et a toujours fait du mieux qu'elle pouvait pour m'accompagner au travers de chacune de mes saisons de vie. C'est également avec émotion que je remercie infiniment celle qui m'a portée, enfantée et mise au monde.

Je remercie toutes les femmes qui font partie de ma vie, et plus particulièrement mes bien chères sœurs : celles qui m'ont soutenue et accompagnée avec tant d'amour et de générosité durant ma traversée émotionnelle, à laquelle a grandement participé l'écriture de ce recueil.

Je pense notamment à Tina, qui m'a permis de me replonger dans la création de ce recueil ; à Murielle qui, par sa fidélité, m'a permis de me sentir soutenue ; et plus intimement encore à Bérénice, qui de par sa présence, son cœur et ses mots, m'a permis d'être accueillie et de m'accueillir moi-même, que ce soit à travers mes peurs, mes doutes ou mes joies.

Merci à celles qui se reconnaîtront, parce que même au cœur du chaos, vous m'avez rappelé combien l'amour et la sororité permettent d'entrer avec confiance dans la danse de la vie ; qu'importe son intensité, ses formes ou ses nuances. Vous êtes des femmes lumineuses.

Mon cœur est empli de gratitude pour mes deux amies : Bérénice, que j'ai déjà citée, autrice de *Et si les Fleurs de Bach m'étaient contées* qui a partagé avec vous et avec amour ses conseils, ainsi que ses connaissances sur les élixirs et les huiles essentielles. Enfin, Marie, créatrice de bijoux bohème chic en pierres naturelles « DeepStones », véritable passionnée (et femme passionnante !) dotée d'une belle sensibilité en matière de lithothérapie. Elle a contribué à développer cette médecine en partageant sans compter ses savoirs précieux sur les pierres.

Ensemble, poussées par leur immense générosité, elles vous ont offert la possibilité de vous accompagner plus facilement et émotionnellement d'une phase à une autre.

Je ressens également le besoin d'exprimer ma reconnaissance à Jeanne Marie, ma thérapeute. Je me permets de l'appeler, ici, exceptionnellement, par son prénom. Elle m'a soutenue dans ma voie. Elle a été une ancre. Elle m'a accompagnée, m'a permis de transcender ce que j'étais durant l'écriture de ce recueil, et m'a donné bien plus encore.

Je remercie toutes les femmes que j'ai accompagnées individuellement, celles que j'accompagne présentement et accompagnerai encore. Je remercie celles qui ont participé à mes ateliers et mes stages et celles qui viendront à mes retraites. Il se passe toujours de belles choses pendant ces moments de profonde connexion, qui, au fil des années, par leur simple existence et leurs transformations, ont été une immense source d'inspiration et ont grandement contribué à ce recueil.

À l'équipe éditoriale, et plus particulièrement à Céline, Aurélie et Éloïse qui m'ont soutenue et rassurée avec de belles énergies.

Je remercie sincèrement toutes les personnes qui se sont reliées à moi, à mes mots et à ce que je voulais transmettre, grâce à la lecture de ce recueil.

Mon regard se porte sur l'horizon, et mon cœur est empli de joie.

Je remercie les étoiles, la Lune, la Terre et l'univers pour tout le reste.

Avec gratitude,

PAULINE

RESSOURCES

Parce qu'il me semble important que chacune puisse s'informer et pouvoir faire des choix en toute conscience, voici des ouvrages autour du féminin auxquels vous référer. Ainsi, si vous souhaitez approfondir votre cheminement autour des différents thèmes de la féminité, vous trouverez ci-dessous mes ressources et mes inspirations, celles que je recommande sincèrement à toutes les femmes engagées sur leur propre voie.

LIVRES

Bérubé (Sylvie), *Dans le ventre d'Ève : à la découverte du féminin en soi*, Éditions Véga, Paris, 2013.

Calvo (Ariane), *Sagesse des chakras au féminin : les 7 voies de la réalisation de soi*, Leduc.s Éditions, Paris, 2019.

Chollet (Mona), *Sorcières : la puissance invaincue des femmes*, Zones, Paris, 2018.

__________, *Beauté fatale : les nouveaux visages d'une aliénation féminine*, Zones, Paris, 2019.

De La Cochetière (Véronique) et Deiller (Véronique), *Réveillez-vous, femmes divines*, Tana Éditions, Paris, 2019.

Doherty-Bigara (Cécile), *Nouvelle mère : un témoignage libérateur et féministe sur la maternite*, Leduc.s Éditions, Paris, 2020.

Flaumenbaum (Danièle), *Femme désirée, femme désirante*, Éditions Payot & Rivages, Paris, 2017.

Lafranque (Stéphanie), *Vic Oh, Gardiennes de la Lune : vers la voie du féminin sacre*, Solar Éditions, Paris, 2019.

Lumira, *La Femme chamanique : un manuel de beauté de guérison et de sensualité*, Macro Éditions, Cesena, 2019.

Malmasson (Malory), *Foufoune cosmique : petit guide pratique vers une sexualité sacrée, consciente et épanouie*, Massot Éditions, Paris, 2020.

Miranda (Gray), *La Femme optimale : un programme en 28 jours pour découvrir les énergies créatrices du cycle féminin et s'épanouir*, Le Courrier du Livre, Paris, 2018.

__________, *Lune rouge : les forces du cycle féminin*, Macro Éditions, Cesena, 2011.

Noble (Vicki), *La Femme shakti : le nouveau chamanisme féminin*, Éditions Véga, Paris, 2012.

Parker (Jack) et Floyd (Madel), *Le Grand Mystère des règles : pour en finir avec un tabou vieux comme le monde*, Éditions J'ai Lu, Paris, 2018.

Pinkola-Estès (Clarissa), *Femmes qui courent avec les loups : histoires et mythes de l'archétype de la femme sauvage*, B. Grasset, Paris, 2017.

Pitaval (Orélie) et Youlie dessine, *Sacrées ! Numérologie, rituels & cercles de femmes*, Hachette Livre-Marabout, Vanves, 2020.

Randisi (Bérénice), *Et si les fleurs de Bach m'étaient contées...*, auto-édité, 2020.

Redmond (Layne) et Ollier (Marie), *La Femme-tambour : renouer avec sa déesse intérieure*, Leduc.s Éditions, Paris, 2019.

Salomon (Paule), *La Femme solaire : la fin de la guerre des sexes*, Librairie générale française, Paris, 2003.

Sams (Jamie), *Les 13 mères originelles : la voie initiatique des femmes amérindiennes*, Éditions Vega, Paris, 2017.

SARAZIN-CÔTÉ (Josée-Anne), *Le Grand Livre du féminin sacré : recettes sacrées, oracle et tarot, méditations, cristaux*, Marabout, Vanves, 2019.

SFEZ (Camille), *La Puissance du féminin*, Leduc.s Éditions, Paris, 2018.

THIÉBAUT (Élise), *Ceci est mon sang : petite histoire des règles, de celles qui les ont et de ceux qui les font*, La Découverte, Paris, 2019.

POUR ALLER PLUS LOIN

Je vous invite à consulter mon site Internet (www.paulinevaldairon.com) pour vous accompagner sur la voie de votre guérison.

Vous avez aimé *Femme cyclique* ?

N'hésitez pas à le faire savoir !
Laissez-nous un avis et/ou une photo
sur votre réseau social favori !

Vos commentaires participent à la visibilité de notre travail et nous aident à toujours vous proposer des ouvrages au plus proche de vos attentes.

Merci

Ouvrages du même éditeur

LA GROSSESSE SACRÉE

Anni Daulter

170 × 240 mm
Couleur / 372 p.

Ce livre offre aux futures mères un véritable journal de grossesse, le guide spirituel et émotionnel qu'elles espéraient. Cet ouvrage vous propose des conseils pratiques essentiels, des photographies pleines d'inspiration et de larges plages d'écriture dans lesquelles exprimer vos émotions.

Chaque semaine, la future maman reçoit des enseignements spécifiques et utiles sur son bébé, son corps et son esprit. Ce livre lui permet d'appréhender les étapes clés de son développement et des changements qui s'opèrent en elle. Il aborde différentes questions essentielles liées au fait de devenir mère, à l'image du corps, à la sexualité, à la méditation, à la peur de l'accouchement et au rite de passage.

Ce journal constituera également un souvenir précieux de l'histoire unique d'une naissance, un don à partager et à transmettre. Les conseils avisés d'expertes de renom en matière d'accouchement contribuent à en faire un véritable carnet de bord de votre grossesse.

MATERNITÉ SACRÉE

Anni Daulter & Niki Dewart

170 × 240 mm
Couleur / 456 p.

Unissant le sacré et le quotidien, cet ouvrage, écrit sous la forme d'un journal-guide, suggère aux mamans de prendre leur plume afin de s'armer d'une vision renouvelée et d'idées créatives pour enrichir leur vie de famille. Car oui, votre (nouvelle) vie de mère est désormais votre vie spirituelle. Et il en est ainsi chaque instant de chaque jour, que vous soyez à la caisse du supermarché, en train de changer la couche du petit dernier, de vous quereller avec votre conjoint ou de teindre en rose les cheveux de votre ado !
Ici, les lectrices sont invitées à suivre un rythme saisonnier riche en perceptions sensorielles, accompagnées par des alliées essentielles : la confiance, l'intuition ou encore la sororité.
Le chaos est sacré. Les respirations profondes sont sacrées. Les larmes sont sacrées. L'enfance est sacrée. Apprenez, grâce à ce livre, à accueillir les périodes d'incertitude comme des occasions d'éveil tout aussi puissant que les moments où vous pouvez vous perdre dans la béatitude. Par des affirmations et des contemplations, Maternité sacrée rend hommage à la lumière et à l'ombre de la maternité. La complétude, l'équilibre et l'amour : telle est la voie de cet ouvrage...

LE FEU DE LA DÉESSE

Katalin Koda

148 × 210 mm
N&B / 280 p.

Éveillez-vous à votre pouvoir, à votre amour et à votre sagesse
Le Feu de la Déesse est conçu pour les femmes qui cherchent à se relier à la sacralité. Pour celles qui débutent, mais aussi pour aider celles qui sont déjà engagées sur cette voie à aller plus loin dans leur travail. En se basant sur une vie entière de profondes études spirituelles et sur son expérience directe dans le monde entier, Katalin Koda vous offre un moyen novateur de faire entrer le féminin sacré dans votre vie quotidienne.
Ce livre suggère à toutes les femmes un chemin balisé, à travers 9 archétypes, qui leur permet de retrouver leur soi divin au moyen des ressources sacrées du savoir ancestral. Par des travaux simples mais profonds avec les mythes et les cérémonies, les femmes sont encouragées à sortir des rôles qui ne leur servent plus et à s'emplir de pouvoir, d'amour et de sagesse. Dans ces pages, vous trouverez les outils qui vous permettront de recouvrer votre sacralité et de transformer vos craintes en pouvoir de guérison ; des méthodes qui vous aideront à vous relier à vos réserves d'amour intérieur et à accéder aux profondeurs de votre sagesse féminine sacrée.

LES SONGES DE LA LOUVE

Diane la Blanche & Marie J-H CokecinL

170 × 240 mm
N&B / 172 p.

Il existe un lien, ancestral et sacré, entre la Femme et la Louve.
Les femmes ont oublié, mais les louves se souviennent, gardiennes de ce qui a été enfoui mais qui ne demande qu'à surgir à nouveau. Et quand la Louve s'assoupit, ses songes reflètent les multiples facettes qui rendaient les femmes si complexes et complètes, si puissantes. Ses songes rappellent cette sagesse qui était leur héritage et leur responsabilité.
Entrez, entrez dans cette grotte humide et chaude, dans ce ventre de la Mère. Prenez place autour du feu, reformez la magie du cercle et écoutez. Laissez-vous bercer par les songes de la Louve. Souvenez-vous avec Elle de toutes ces vies qui vous ont précédées et constituées, et de la force de votre sang. Les yeux clos, laissez-vous aller à explorer cette dualité en vous qu'il faut harmoniser, votre pouvoir de création et de destruction, votre nature d'accoucheuse et de guerrière, la solitude nécessaire et la sororité. Laisser parler votre sensualité, votre intuition, le sauvage et l'indomptable. Et l'amour.
Alors vous entendrez l'appel hurlé sous la Lune Pleine…
Chaque conte s'accompagne de mise en pratique afin de vous permettre d'aller plus loin, de creuser un peu plus profond, d'avancer un peu plus sur ce chemin qui vous ramène à vous.